五井昌久

新しい人生観の発見

我《われ》を極める

著　者 *(1916～1980)*

刊行にあたって

「人間はいかに生きるべきか」この誰もが抱く根源的な問いについて、五井昌久先生は、覚者としての立場から、やさしい言葉でさまざまに、お話ししてくださいました。本書は、そうしたお話の中から、特に「自分を極める生き方」に関するものを収録し、編集したものです。

それらはすべて、昭和三十年代後半から五十年代初めにかけての講話ですが、今読み返しても、決して古びることはなく、むしろ現代人に必要な叡智が内包されている気が致します。それは、地球の未来を見通していた五井先生が、未来を生きる私たちに向かって投げかけてくださった、閉塞社会を打開して新世界に飛び立つための、「キーワード」であるのかも知れません。

「我を極める生き方」とは、一見武道家や求道者だけが歩みうる、険しい道のようにも感じられます。しかし本来は、老若男女誰にでも出来る易行道なのであります。その真実を、私たち一人一人が知ることが、真の自己実現、そして世界平和成就につながってゆくのです。

そのような生き方を誰しもが出来るようにと、五井先生は、本書でその秘訣を、さまざまに説いてくださっています。

平成十九年六月

編集部

目次

刊行にあたって……1

第1章　自我と大我

自己の本体を知る……6
本当の人間とは……19
神界の自分との一体化……32
自我と大我……51

第2章　人間に宿る限りなき力
内なる力を発揮する……72
自分自身の力を信じる……90
本体の力を百パーセント出す……102
無限に進歩する生き方……114
第3章　あなたも免許皆伝
すべては自分の磨きのため……130
あなたも免許皆伝……150

すべてに超越した生き方……165
常識の世界から本当の世界へ……179

第4章　甲斐ある人生

意義のある人生……196
価値ある生き方……208
生き甲斐のある人生……230
光の足跡を残してゆこう……242

ブックデザイン・渡辺美知子

第1章

自我と大我

自己の本体を知る

人間の本体とは

人間は、物心がついて、いわゆる考えることが出来るような年令になったらば、一番最初に「自分はどういうものなのか、人間というものはどういうものなのか、自分はどうしてここに生まれて来て、どういうようにして生きてゆくのがよいか」ということが心に浮かぶのが本当なのです。

ところが世の中では、死ぬまで自分自身が何んにもわからないで、自分自身のことを探求もしないで、ただ目の前の利害得失や、つまらない喜怒哀楽だけを追っている人がほとんどです。皆さんは自分自身を求めて、それを探りたいために宗教に入っていらっしゃるわけですが、本当に幸福なのです。

一番始めの望みであり、最後の究極のものであるのは、やはり自分自身を知ることなのです。それを知ることによって、人間として本当の生き方、働きが出来るのです。知るといっても頭で知識として知るということではないのです。心で知ることです。心の中でハッキリ知っていて、それが行ないに自然に現われているお婆さんやおじいさんがいます。理屈はわからないけれど、自分は今日生かされているままを生き、そのまま有り難く感謝して生きている、という人がいます。そういう人は確かに自分を知っているのです。

ところが少し学問をしてくると、ますます自分がわからなくなってくる、それでいて自分を知ろうとは思わない。ただ現象の利害得失、地位とか権力とかお金とか、そういうものだけを追うようになっていきます。肉体の自分というものの満足感だけを追い求めて生きてしまうわけです。

ただ、人によって前に会った時そうだったから、現在もそうかというとそうでない。昨日会ってくだらない者が明日、明後日に会って立派なほうに向いていることが随分あります。

たとえばここに五十になる人がいるとします。五十になるまでには脱皮したり、業《ごう》をつけたりいろいろと変転して、立派な人が立派でなくなる場合もあるし、立派でないように見えたのが実は、中の立派なものが出てくる場合もある。何の何某《なにがし》と名前がついているから同じ人間かと思うと同じ人間ではないのです。肉体人間として顔形としてそう違いはしないけれど、年々歳々、瞬々刻々変化しているのです。そして最後に一番の大変化をとげた時、それは本心の自分、本体の自分がそのまま現われてくるのです。

私を例にとれば、子どもの時の私と二十才台の私、そして三十才台の私と四十才台の私、さらに五十才になった私は大きな変化をしています。特に三十才台の時には大変化をとげて、まるで違った人間になったわけです。外側から見て肉体が変わったわけではないけれども、肉体を通して現われた人間像としては、まるっきり違った人間になったわけです。

赤ん坊はみな可愛い顔をしています。なんて可愛いんだろうと思います。あどけない、何んの悪意もない、見ているだけでも気持ちがいい。ところが、十五になり二十になると嫌な子になる場合があります。一体どこからそれが出てくるのか、赤ん坊の頃の可愛い感じが本当なのか、嫌な人間のほうが本当なのか、どこに一体その子の本質があるのか。また三十才の頃は嫌な奴だったのが、五十になって立派になって来て、六十才になってさらに立派になるかもしれない。ですから名前は同じだけれど、本当に同じものではないのです。現われている肉体人間というのも、年々歳々変わっているのです。細胞組織は瞬々刻々新陳代謝《しんちんたいしゃ》しています。そして何年かすれば身体の細胞は全部変わってしまうのです。だから肉体を持った人間というものは本当のものではないのです。消え去ってゆく姿です。

本当の人間は何かというと、神様のみ心の中で光り輝いている霊なる人間なのです。その光がそのまま真直ぐ地上界に現われるために、過去世《かこせ》からの誤まった想い、業想念が病気になったり不幸になったり、災難に遭ったり、いろいろ変化して消え去っていって、最後にはきれいな霊なる神なる人間の姿がここに現われるわけなのです。

人間の本体は神のみ心そのものであり、神の分生命《わけいのち》そのものであるのですから、どうしても、本体のほうから、自分というものはこういうものだということを、知らせずにはおかないのです。ですから、どんな人間でも遅かれ早かれ、自分の本体はいかなるものか、本体とは思わなくても、自分というものは一体どういうものなのか、ああ自分を知りたい、自分のことが本当にわかったらそのまま死んでもいい。「朝に道を聞かば夕に死すとも可なり」という言葉がありますが、朝本当に道を聞いてわかったらば、もうその時死んでもいいいんだ。自分の本質を知り、自分自身の本体がわかったならば、もうそのまま死んでも悔いはないということです。

肉体人間がいくら栄華《えいが》をつくし、権力を得たところで、瞬々刻々変滅《へんめつ》してゆくのだからやがては消えてしまう。いくら総理大臣だの大統領だといってみたところで、或る事変がくれば、一介の庶民よりも辛い想いをしたりして果ててしまうわけです。そういうものではあきたらないものが人間の中に誰でもあります。ただ業《ごう》に覆われていると気が付かないのです。そんなことに見向きもしない、想いが行かないだけなのです。想いが行った人が宗教的になって、心霊の研究をする人もあるでしょう。まともに宗教に入る人もあるでしょう。社会事業の面に入る人もあるでしょう。あらゆる面で本当のものを求めてゆくわけです。

自分の本体を知れば、本当の仕事、いわゆる天命が完うできるわけです。それを私は、消えてゆく姿で世界平和の祈りという方法で教えているわけです。あらゆるもの、喜怒哀楽も現われてくる幸不幸も、環境もすべて過去世《かこせ》の因縁《いんねん》の消えてゆく姿であって、消えるに従って、自分の本心、本体の姿が自然に現われてくる。その本体は何かというと、神のみ心と一つであって、光り輝いている完全円満な実体なのです。それがだんだん現われてくる。だからたとえ不幸があろうとも、病気があろうともそんなものは問題ではない。消えてゆく姿なのだ、そのあとから本体が現われてくる、もし病気でそのまま死んだとしても、肉体が消えてしまっただけで、本体は光り輝いている。

そうすると、また必要あれば地上界に本体から生まれかわる形になりますから、死ぬ時に〝消えてゆく姿〟がわかっていれば、いくら病気で苦しんでも、ああこれで消えてゆくのだな、これで私が清らかになって本体が現われるのだな、と思って死んでいけば、きれいな心になっていけるのです。そして今度生まれ変わる時には菩薩のようなきれいな輝く心で生まれてくるわけです。或いは富貴栄達、名誉を得て生まれてくるかもしれない。

守護霊守護神の存在

　過去世の借金というか、過去世の因縁として悪い行ないをし悪い想いをしていたら、それだけが現われて消えてゆくわけです。その悪い行ないというのはどういうのかというと、神のみ心から離れているもの、大調和精神のみ心から外れているものです。そういう業がある以上は、神様のみ心の中にスッカリのれません。神のみ心にスッキリとつながるのを邪魔する業想念というものを、病気や不幸や災難にして出して消してしまうわけです。

　業がある以上はどんなことをしても、それが出てくるわけです。しかし、守護霊（注1）、守護神につながり、祈り心で加護を願っていますと、守護霊守護神が肩替りしてくれるのです。百ある業想念を九十背負ってくれ、あと十だけ肉体のほうへ出して、肉体は十だけのものを背負っていけばいいようにしてくれるのです。いっぺんに千だとか万だとかたくさんのものを出したら苦痛が激しくつぶれてしまうから少しずつ出して消してゆく。人間側に力がつけばそれだけのものを出してゆく。そしてあまり気が付かないうちに出してしまって、苦しみ少なくてこの一生を過ごしてゆけるようになるのです。ですから守護霊、守護神の加護というものは大変なものなのです。

自分自身に信仰がなく、宗教心もないのに良い生活をして、苦しみもない人がたまたまあります。そういう人はどういうことかというと、過去世で非常に徳を積んでいるのです。それは自分も積んでいるし、先祖も積んでいるもので、先祖の加護を受けながら、その徳が現われているわけです。ところがあまりそれに甘んじて、自分の力だなんて思っていると、最後にガタッとくる。或いはこの世を去ってから、高慢の想い、誇りの想いが現われて、(注2)幽界《ゆうかい》で苦しむことになるわけです。

ですから結局は、自分というものは神のみ心そのものであるけれども、この地上界に肉体として生まれてきて、何回も何回も転生しておりますので、その過去世の因縁によっては不幸にもなり、幸福にもなるわけです。けれど過去世の因縁というのは、今はどうしようもありません。録音機と同じだから、幽体《ゆうたい》に録音にされたものはぐるぐる廻っていて、いつかは出てくるわけです。だからこれはどうしようもないのです。直せといってもどうしようもない。食べてしまったものをまた出せといわれてもしようがないと同じようなものです。

過去世の因縁がぐるぐる廻っているのを三界《さんがい》といいますが、三界というのは現象の世界という意味です。肉体界、(注3)幽界、霊界の下のほうですが、この三界をぐるぐると業想念は廻っているのです。この三界から出なければいけない。解脱し超越しなければだめです。超越する世界はどこかというと、神のみ心の中なのです。神のみ心の中に入るためにはどうしたらいいかというと、肉体界にいますと、肉体の想いが激しいから守護の神霊たる守護霊、守護神の手助けがなければ入れないのです。

それで「守護霊さん守護神さん有難うございます」といつも守護霊守護神につながっていますと、守護霊守護神の光の柱が出来て、その光の柱の中に入ってスーッと神のみ心の中に入ってしまうわけです。皆さんは守護霊さんに感謝しながら、守護神さんに感謝しなながら、世界平和の祈りの大光明の中に常に入っているわけです。そうすると三界の世界からぬけているのです。

けれど、いくら三界をぬけても、肉体があり、縁がありますから、想いがかかってきます。かかってくるけれども、常に光の中に入っていると、知らないうちに少なく少なく消えてしまうわけです。そうすると宗教信仰のない、世界平和の祈りのない人よりも、ズーッと楽に楽にこの世を終われるし、あの世に宝を積むことも出来るのです。しかも、何もしないように見えても、世界平和の祈りをしていれば、その光明が地球界の業想念を浄める役目をしていますから、人類救済の大きな仕事を果たしているのです。だから、消えてゆく姿で世界平和の祈りをしていることは、その身そのままが何もしていないようにみえるけれども、自分の本心を現わしているのだし、過去世の因縁を軽く消しているのだし、さらに人のためにもなっていると、こういう三重の得があるわけです。

守護の神霊への感謝の大切さ

人間には誰でも業があるわけですが、自分の業と一緒に、地球界に住んでいると人類の業もみなで少しずつ分担するんですから、人類の業を少し背負うのです。そこで守護神が守っているのですが、業が深いと肉体との間がズーッとはなれてしまって、余程守護霊さんを想っていないと、守ろうとしても守れないことが随分あるわけです。業が消えた時ぐらいしか守れない。ところが常に守護霊さん守護神さん有難うございます、と感謝していると、守護霊さん守護神さんと昇ってゆくわけです。常に一つになっているわけです。そうすると、例えば業が厚く取りまいていても、守護霊守護神さんにつながった光の柱が立っているから、業が現われてきても大した怪我でなくてすむ、大した病気にはならない、不幸にならないわけです。もしなったとしても光がつながっているから、すぐ光が通ります。そしてすぐに消えてゆくという形になるのです。だから常に常に守護の神霊が守っていてくださるんだ、ということが信仰の一番のポイントです。

ああ守護霊さんが守っていてくださる、守護神さんが守ってくださっている、うちの先祖が守っていてくださる、有難うございます、という形です。そう思っていると常に大きな自分になっている。小さな自分ではなくて、大きな守護の神霊と一つになっている大きい自分になっているわけです。だから守護の神霊と一つだということをいつも思うことが、一番大事だと思います。

あらゆる理屈をこえて、守護の神霊が守っていてくださるんだ、有難うございます、という感謝の心が常にあることが一番の根本です。それから始まるのでなければならないのです。理屈など後廻し、理屈などなくてもいいのです。理論を知ることがどうして大事かというと、理論を知ると意識が強まるからです。ああそうなんだ、この教えは本当だ、とこう思うから理論を知ることがよいのであって、守護の神霊が守っていてくださるということが本当にわかれば、その理論はいらないわけです。神様は愛なので、必ず人間に悪いようにはしないのだ。そう思えればそれが一番よいのです。理屈に勝るものです。

「百知《ひゃくち》は一真実行《いっしんじっこう》に及《およ》ばず」百知っていることは、一つの真心《まごころ》のある実行に及ばないんだ。「誠実真行万理《せいじつしんこうばんり》を知るに勝《まさ》る」誠の行ないはいろんなことを知るよりも勝っているんだ、というのは、私がこうなる時に守護神からもらった言葉です。行ないが一番です。というのは常に一番根本は、神様に守られている自分なんだ、ということ。そういうことが有り難いことなのです。この教えを行じていると、知らないうちに「ああ守護神さんに守られているな、ああ守護霊さん有難うございます」と自然に思えてきます。

世界人類が平和でありますように……そして最後に守護霊さん守護神さん有難うございます。といつもみなさんは祈り、感謝していますが、それが絶え間なく守ってもらっているという証拠なんです。いつも唱えているということが、だから有り難いことなのです。

（注1）守護霊守護神とは、人間の背後にあって常に運命の修正に尽力してくれている各人に専属の神霊。
（注2）（注3）それぞれの解説については、巻末の参考資料の252頁参照。

本当の人間とは

目に見えるその奥に神の世界がある

いつも申しますけれども、人間というものは肉体ではないということです。神様のひびきの一つの現われ、いうなれば器であり、場である。神様の命が働くために創られた場所であり、器なんです。ですから肉体が人間だと思っていたら、いつまでたっても本当の真人間にはならないわけです。

何の某《なにがし》という名前がついているとすれば、それは符牒《ふちょう》なんです。鈴木一郎とか、佐藤次郎という名前が付きますと、それが肉体の自分であると思います。けれど名前は一つの符牒にすぎない。だからこの肉体が自分だ自分だと思っている以上は、絶対悟れないんです。

始《はじ》めに大神様がいらっしゃいます。その大神様の分かれた働き、ひびきがいろんな神霊の世界を作ったんです。この地球世界にも、元の世界、まだ物質の地球でない、物質化されていない神霊の姿の地球がある。そこで神霊そのままの人間がひとまず働いていたわけです。それは光のひびきですから、お互いがひびき合って、心と心が直ぐ通じ合う、直感力で通じ合って、悪い想いなんか全然出せないわけです。たとえ悪い想いを出したとしたら、すぐ自分に還って来て、自分が損をする。だから悪い想いがない世界、いい想いだけの世界。想いというよりも行ないがそのまま現われてくる、ひびきそのままの世界があるわけなんです。テレビでも、鳴らそうかな鳴らそうかなではなくて、スイッチがポンと押されて鳴ってしまう、そういうような世界があるのです。完全円満な世界です。

それが或る時、神様が物質界をお創りになるために、天地に分け、いろんな姿に分けて、細かい波動を粗くしてみたわけです。そして物質の地球世界、眼に見える地球が出来たわけです。そこでその地球にふさわしい形のいろいろな生物を創ってみたんですね。この間も或るところで、兜虫などを売っていましたが、いろいろな色が付いたり、形をしていたり、まことに小さな虫でさえすばらしいんですね。で、あらゆる姿や形の生物を神様が創られた。最後に神霊がそのまま神霊世界から天降《あまくだ》って来て、物質界に肉体というものを創って、その中に入ったわけなのです。それで今の人間が出来たわけなんです。

物質波動の虜になった人間

初めはアダムとイブから出発しています。創られたままで生きているんだけれども、だんだん肉体的な知恵がついてくると、欲望が出てくる。肉体のほうに心がいってしまったわけです。それでだんだん神様の完全円満の姿から分かれて、自分という肉体、神様から離れた人間というものを作りはじめてしまった。第二の人間ですね。これが誤てる想念なのです。想いが出て来たわけです。そして完全円満から離れて、こうしなけりゃいけない、ああしなければいけない、というふうにだんだんなって来て、ついには神様と人間とは別なものであるというふうに意識してしまった。そして今日にまで来ているわけです。玉石《ぎょくせき》混淆《こんこう》して、争いの世界が出来ているわけです。

本当に真理を知らないで、このままいきますと、神様から離れきってしまうことになる。そうなると人間の存在価値がなくなってしまうわけです。つまり神様の命のひびきからだんだん遠ざかります。すると蓄積された生命エネルギーがだんだんなくなってしまうわけなんです。そうなれば否でも応でも、亡《ほろ》びなければならなくなる。そういう世界がやがてやってくるということに、各予言ではなっているのです。

人間の知恵が発達し、知恵を使って、科学が発達した。ところが物質偏重の科学だから、物質の肉体を保護するために、お互いに自分たちを保護するために、お互いが相手をやっつける形になって科学兵器を作りはじめた。せっかくの原子力の開発も爆弾のほうにもっていってしまう。水爆の威力のすごいのが出来ていますから、やがて、それを使わなければおさまらないような事態になれば、一遍《いっぺん》で地球世界はダメになります。

そういうふうに、神を離れた誤てる想念というのは、本当は神様のひびきを現わすための肉体なのに、その神霊のひびきを忘れてしまって、肉体だけを別に離して考えるから、生命はそこにだんだん枯渇《こかつ》してゆきます。生命エネルギーがなくなってきます。やがては滅びるということになります。それは天変地変で滅びるか、戦争で滅びるか、どちらにしても生命エネルギーがなくなってくるから、枯れてしまうわけです。

それでは大変であると思われて、肉体人間が出来た始めから、（注4）直霊《ちょくれい》が分かれて守護神になって、陰になり、日向になりながら守ったわけです。始めのうちはちゃんと守護神が姿を現わして、人間と話し合って事を運んだりしたことがあるんです。それは何故かというと、物質に慣れないで神霊のひびきそのままでいたから、お互いにわかり合ったわけです。物質化がだんだん増えて来て、物質波動のほうがだんだん濃厚になってくると、神霊のひびきがだんだん忘れられていった。そして物質波動の虜《とりこ》になってしまって、神なんかないという形になって来た。唯物論になって来たわけですね。

唯物論になると、肉体が主ですから、肉体の文明文化が栄えます。肉体生活が便利なことを図り、肉体が安易であること、肉体が喜ぶことばかり考えますから、肉体が喜ぶような科学が出来てきて、便利になってきた。便利になると同時に、ますます物質偏重になりますから、神様のような目に見えないひびきを忘れてしまってきた。それで今日になって来た。

守護霊守護神なしでは生きられぬ

そうなることは神様のほうで初めから知っていらっしゃいますから、守護神を遣わした。守護神が分霊の人間を守って、つねに危いところを助けているわけです。守護霊、守護神が守っている。これから先は、人間は守護霊守護神を考えなければ、生きていけないんです。守護霊、守護神なしだったら、生命エネルギーが枯れてしまうんだから、やがて滅びてしまう。ところが残念なことに、守護霊、守護神の存在を知っている人は少ないわけです。宗教信仰をしている人の中でもわかっていない。信仰をもった僅かな人が守護霊守護神の加護を信じている。

私たちは守護霊守護神の加護の力というものを、みんなに知らせようと思って一生懸命宣布しているわけですよ。

一人の人間がここに生きている時には、働いている人間の魂が一つではなくて、うしろに守護神さんが一体、守護霊さんが三体（主守護霊と副守護霊二体）四体の神霊が必ず守っていらっしゃるのです。少なくともネ。それでいろんな人のために尽くしている人や、大きな仕事をしていれば、たくさんの神様が付いて守っていらっしゃるのです。自分を絶対守ってくださる方は四体必ずあるのです。そんなに守っていてくださるのに、迷いのほうへ迷いのほうへと入ってしまう。過去世からの誤てる想念ですね。

〝神様が守っているというけれど、俺は俺だよ、人間は人間だ〟なんて思うのは迷いです。それはあくまで消えてゆく姿。病気なら病気になる、不幸なら不幸になった時には、それは過去世の誤てる想念がそこに現われて、守護霊、守護神の力によって消されてゆくわけです。「ああこれで消えてゆくんだナ、有難うございます」と思うことです。たとえちょっとした痛みでも、これは業の消えてゆく姿なんです。ちょっとした不幸でも業の消えてゆく姿です。「あっ痛い、これで消えてゆくんだな、神様有難うございます」不幸なことがあったら「こんなことがあった、しかしこれで消えていって、私はよくなるんだな、もとの本当の神様の姿にかえるんだな」というように感謝すれば、光が充満してくるわけです。

悪いことがあるたびに、悪い想いが出るたびに「ああこれは消えてゆくんだナ、これから善い想いを持ちましょう。これからきっとよくなるに違いない」といって神様に感謝すれば、だんだんその人に光明が充実して、すばらしい人間になってゆく。

人はみな一つの神の命の現われ

私たちの考えている未来の平和というのは、ただ単に戦争がなくなるとか、飢餓がなくなるとかいうのではないのです。本当に人々が愛し合い、仲よくし合い、本当に手を握り合う世界でなければ平和じゃないんです。損得勘定《そんとくかんじょう》で妥協《だきょう》して戦争になり、妥協して仲よくなる。それではまだ危険が未来にあるわけだから、いつでも心配していなければならない。妥協ぐらいではもうたっていけない世界なのです。地球は滅びるか、それでなければ真の平和を獲得するか、という時なのです。

今の人間の想念意識では、ほんとうの平和というのは絶対出来ないのです。何故ならば、自分の子どもが可愛い、自分が可愛い、ほかの人は憎らしい、という想いが大体あります。自分と他人とを区別し、すべてを区別し、自分本位な生き方をしているようでは、いつまでたっても平和は来ないんです。滅びが早いんです。

われわれのやっている運動は、自分も他も、自国も他国も、みんな一つの神の命として拝み合う運動なんです。ところが幸か不幸か、人間の想いの中には自分を可愛がり、人より自分を愛するということがあるわけです。それは業として抜きさしならないものです。ぬきさしならぬ自分を愛する、自分の身内を愛するというのがあるわけです。

また自分の子どもより人の子どもを愛したんでは、これはどうしようもありません。やっぱり自分に授かった子どもは自分の身近かだから、まず愛する。余力で他人の子を愛する。そうしなければ子どもは育ってゆきません。それより仕方がないんですね。仕方がないことなんだけれども、ほんとうの世界の平和のためにはそれが邪魔なわけなんです。面白いように出来ているんです、この世界は。いいことなんだけれど、裏をかえすと困ったことになるんです。

愛情といいます。愛することはいいことなんだけれども、それがすぎると執着になって困ったことになる。いつも長所と短所が混ざってこの世は出来ているわけなんです。それは何故かというと、この地球世界、物質世界というものは、本当のものが出来てしまったら存続しないように出来ているわけなんです。そこで足りないところは足りないでいいんです。欠点は欠点で仕方がない。出来るだけ長所をのばして、欠点をなくすようにすることです。

欠点をなくすといったって、なくならないでしょう。親鸞《しんらん》さんはそれで嘆《なげ》いたんだ。九十歳まで歎《なげ》いて歎いて歎きぬいて死んだ。罪悪深重《ざいあくじんじゅう》の凡夫《ぼんぷ》だ、心は蛇蝎《だかつ》のようだ、蛇か、さそりのようだと思っていたわけです。人間にはそういうぬきさしならないものがあるんです。そこからが信仰なんです。

その欠点を補って余りあるものが、守護霊守護神の加護なんですよ。人間の我慢できない、足りない、しょうがないところを守護霊守護神さんが守ってくれて、それを日々瞬々刻々プラスにしてくれているのです。たとえば夜ねるにしても、人間はただなんとなく眠っていますね。どうして眠くなるんでしょう。一方眠れなくて困っている人もずいぶんありますね。ふつう人は自然に眠ってしまう。誰が眠らしてくれるんでしょう。自分が眠るんでしょうか？　肉体の自分が自分で寝たり、自分で起きたり出来るんでしょうか？　出来ません。それは内なる分霊と、守護霊守護神がやってくれているんです。三者が協力して寝たり起きたりするのです。

分霊としての自分を感じられる人間に

肺臓や心臓を動かしているのは守護神の関係です。守護神がそれらを止めようと思ったらわけがない。守護神が身体を動かさせまい、とすれば体が動かなくなってしまう。守護霊守護神さんのいう通り動いてしまうんです。その逆に考えれば、守護霊守護神さんにつながっていさえすれば、たとえ自分が罪悪深重の凡夫であっても、足りない欠点だらけの自分であっても、ちゃんと足りる自分として、この世に通用するように、神様のみ心にかなうようにしてくださるんですよ。

それだから守護霊さん守護神さんは有り難い。私なんか一挙手一投足、肉体の自分がしてはいないんです。なんにするにも、スーッと神様の意志しだい。字を一つ書くんでも神の意志——わざわざ神様って神憑《かみがか》りになって書くんじゃない。自分で書くんだけれども、自分が書こうとするのと神様が書かせるのが全く一つになっている。文章を書くにしてもそうなんです。スーッと神様が書いている。

というわけで、守護霊さん守護神さんの加護がないと、一瞬たりとも生きていけないんです。それなのに生きてゆけると思っている。それが間違っている想いです。

平和になる未来には、守護霊さん守護神さんと本当に一つになって、自分は神の分霊だな、ということを心の底から感じられる生き方の出来る人間になるのです。それまで一生懸命に世界平和の祈りをして、心を磨いて神様と一つになる練習をしてください。守護霊さん守護神さんと一つになる練習をズーッと続けてゆけば、そういう人がたくさん出来れば、真の平和が来るのは早いのです。

われわれはほかのことを顧みないで、まず神と一つになる、守護霊守護神と一体になって、神のみ心をそのままこの地球界に現わせる、そういう運動をしているわけです。ほかのことは一切かまわないから、神様有難うございます、守護霊さま守護神さま有難うございます、世界人類が平和でありますように、それぱっかりを根本にして、それで当たり前の生活をしていればいいんですよ。そうするとその人は神の国に住んでいる人になるわけです。

（昭和49年４月）

（注４）　巻末の参考資料の252頁参照。

神界の自分との一体化

初めに神の世界あり

　宗教は何を目指しているかと申しますと、想いの世界から神様の世界に、人間を送りこむことなのです。神様のみ心と人間の心とが一つになるように、いろんな道を説いているのが各宗教なのです。

　そこで私が一番大切にしているのは何かというと、やっぱり想念の在り方ということです。常日頃から想っていることが、自分の運命として現われるのです。それも今生《こんじょう》だけではなく、前の世、ずーっと過去世から肉体がこの地上界に生まれたその初めの時から、人間の世界というのはあるのです。

初めから肉体があるんじゃありません。神様のみ心があって、(注5)宇宙神《うちゅうしん》が森羅万象《しんらばんしょう》を創るわけです。あらゆる星をつくり、あらゆる物質をつくり、その中で人という神の分け命、神自らの生命力、創造力を分けて人間というものがつくられているわけです。

人間は初めに肉体界にあるのではないのです。初めに神様のみ心の中にある。いわゆる神霊として、神の命そのままとして各種に分かれた。神道でいえば八百万《やおよろず》の神です。一神にして多神。宇宙神が一つあって、多神に分かれた。初め神霊の世界にありました。人類のもとを私が直霊《ちょくれい》といっています。それが各種に働いているわけです。そして地球の人類が出来たわけです。

地球というのは物質界です。はじめは微妙な波動の神霊がありまして、だんだん幽波動、肉体波動、いわゆる物質波動になりまして、この地球などが出来ています。古事記にも書いてあります。鉾《ほこ》でもってかきまぜて、国を生み、島をつくったりしています。ああいう物語は真実のことで、鉾でやったというのは象徴ですけれど、いろんな形で国をつくるわけです。

生物の進化

　地球が出来て、そこに物質人間というものが現われてくるわけです。初めに何が出来たかというと、原始生命体が生まれた。アミーバーのような単細胞の生物が出来るわけです。神様の力で生まれているわけです。比喩的にいえば、神様がいろいろと試してみる。初めに単細胞を作ってみた。これじゃ面白くない、もう少し違ったものを作ろう、だんだん複雑なる細胞群をつくった。昆虫をつくった。魚をつくった。また鳥をつくった。獣をつくった。いろいろな動物を作ってみた。これは少しはうまく出来た。もう一寸うまいのもつくろうと猿が出来た。猿の顔を一寸直し、もう少し頭をよくして、という形で、だんだん力を加えてゆくわけです。そして最後に出来たのが人間なわけです。

　ですから人間というものは、物質的、肉体的にみれば動物の進化したものです。猿から進化したというダーウィンの進化論はたしかに本当なわけです。ところが肉体を動かしている生命というもの、生命力、知恵、創造力というものは、肉体にあるのかというとそうではない。神のみ心の中にある。霊なる命がそのまま創造力であり、智恵であり、あらゆる能力の源泉であるわけです。それが肉体の中に入っている。というと真実《ほんとう》はおかしいんだけれど、まあ中に入っていると表現しておきます。中にいて動かしている。

すべては波動の集合体

人間には脳があります。脳には大脳とか小脳とかあります。この脳の中に働く力が入っているわけです。この脳というのは形からみると体でしょ。そうすると形の中にあるみたいでしょ。ところがこの肉体というのは波動なんです。波動が現われてこの形にみえるだけです。肉体の五感でみるとこの肉体の形にみえるだけなのです。ところがもっと微妙な目でみれば、こういう形のものではなくて、波が集まっている。

私がいつも話しますけれど、机はかたいもので固体に見えますね。しかし固体だけれど釘なら釘、刃物なら刃物をさしますとささってしまいます。どうして固いものなのにささるのか。それは原子と原子の間があいているからなんですね。隙間があるからです。空間があるわけです。原子のもとは陽子と電子、陽子はいわゆる素粒子で出来ています。目に見えない。電子顕微鏡で見えるものもあるし、見えないものもあります。そういう微粒子が集まって働いている。

もっと細かいところでは、私たちは宇宙子《うちゅうし》というんです。それは今、研究しています宇宙子波動生命物理学というものの基礎です。この宇宙子にはプラス、マイナスがありまして、その中に物質となるべき宇宙子もあれば、精神として働く宇宙子もあって、精神宇宙子というのが非常に重大な役目を持っているわけです。宇宙というのは碁盤の目のようになっているんです。何故かというと縦のプラス性と横のマイナス性とが組み合わさっているから、碁盤の目のような動きになっているわけね。縦の働き横の働きが交叉している。縦と横の働きが常に角度を転換しながら、場を変えていって、いろんな物質が出来るわけです。

縦の働きが大まかにいえば精神ですね。横の働きが大まかにいえば物質です。だからこの肉体の五感の世界に見える、三次元の世界にみえる物質だけが物質ではなくて、幽界にも物質があれば、霊界にも物質があれば、神界にも物質があるんですよ。それを大体そう思わない。物質というとこの目に見える五官の世界だけに、物質があると思うのです。

あらゆる世界に物質がある

ところが実際、霊能のある人たちが、目に見えない世界にチャンと神様の姿も見られれば、富士山のような山もみえれば、川も海も見えるわけなんです。見えるということは何かというと、物質なんです。生命というのは、精神というのは見えないんです。感じるだけで見えません。ところが霊界と神界とでは見えるわけです。幽界などは勿論見えます。霊能のある人は見えるわけです。

目に見えるものは物質なんです。だから肉体世界ばかりではなく、あらゆる世界に物質がある。ただ同じ物質でも波動が微妙な物質なわけです。霊界、神界の物質はもっと霊妙な物質です。私なら私が肉体の粗い波動の物質体をまとって、この机の前にいます。と同時に、神界にもっと微妙なる波動の五井先生が向こうにちゃんといるんですね。それがいろんなふうに変化していますけれども、微妙極まりない光明燦然たる姿をしている。皆さんもそうなんです。

人間はみな本当は神界にいる

皆さんもこうやって道場に坐っていらっしゃるでしょ。鼻の低い人もある、高い人もある。目の大きい人も小さい人も、頭のはげた人も毛の多い人も、いろいろあるわけです。ところがそういう皆さんとは全く違う、中味が全く違っている、純粋なきれいに磨きこんだ、光り輝いた皆さんが向こうにいるんです。なのに皆さんは気が付かない。私は気が付いている。

自分がこう肉体にいながらも、神界にちゃんと自分がいる、と私は知っています。修行中に知ったのです。本体と合体してそのまま降りて来ていますから、向こうもこっちも自由に行ったり来たり出来るわけです。皆さんが亡くなって、肉体を地上に置いて、霊界へ魂がいきますね。五井先生っていえばパッと五井先生が現われる。五井先生というのは肉体にいるのに、なぜ霊界で五井先生って呼んだら先生が出てくるのか、その五井先生というのはなんだ、という質問がくるそうだけれど、やっぱり五井先生。ただこの中にあるけれど、もっと微妙な精妙化された光明燦然たる五井先生というわけです。それは私ばかりではありません。皆さんもそうですよ。

皆さんも肉体にいますけども、神界にもいるんです。それをわかるために統一が大事なのです。何故お祈りするか、統一するかというと、それがわかるためなんです。統一するということはどういうことか。自分は肉体の人間である、という想いが赤ん坊の時からあるわけですね。肉体の人間だと決めてかかっている。自分は波動体だ、と思っている人はないでしょ。自分は光明燦然たる光の玉だ、なんて思ってないですよね。頭では聞いていますけれども、話には聞いているけれど、この肉体が俺じゃないかと思うのです。

肉体人間観を超える

目に見える五官というものが仮りにあって、仮りにこういう形に見えているんですよ。蟻から人間をみたらどんなに見えるかわかりません。犬から見たってどう見えるかわかりませんよ。犬はちゃんとご主人をしたってくるけれど、あれは目で見ているのか、やっぱりこういう顔に見えるのかどうか、犬に聞いてみないとわかりません。うちの犬は違うといっています。

彼らは人間の肉体をみているわけではなく、波動を見ているわけです。そういう点では犬のほうが微妙です。ところが人間というものは、肉体をまとってしまうと、目で見、耳でき、手でさわらなければわからないんです。ああこれは机だな、と目で見、手でさわってわかる。ああこの人は誰だなって見るわけです。

私の場合は一寸違うのです。この間外国から帰って来た女性歌手の人がいます。向こうで相当活躍していて、日本へ帰って来て忽ち第一線に出ているのです。その人が音楽会をやったのです。私に来てくれといわれたけれど、いかれなかった。行かなかったからわからなかったというとそうでない。私には歌っているのがわかっている。高いところがとても素晴しくて、あのアリアがとても素晴しかった。こういうふうにうまかった、とあとで会っていうと、その通りなのです。講釈師みて来たような嘘をいい、というけれど、私は見て来ているのよね。

肉体はここにいるんだけれども、ちゃんと向こうへ行ってみている、聞いているんです。肉体だと思っていれば聞けませんよ。東京上野の文化会館でやっている音楽を、市川にいて聞ける人はあんまりいないでしょ。ここにいて、ふっと聞けば聞けちゃう。何が聞いてくるのか、肉体が聞くんじゃないです。何が聞くんでしょうね。不思議でしょ。

中の自分の本体は五尺何寸なんて小さくないんです。宇宙大にひろがっているんですから。上野だって日比谷だって、アメリカだって、どこだってそんなこと関係ありません。地球中わかっているわけです。要するにテレビジョンの受像器がここにあるわけです。スイッチをひねりさえすれば、どこで演奏していたって聞こえてくるわけです。何もわざわざアメリカへ聞きに行かなくたって、ちょっとひねりさえすれば聞こえるわけ。そういう便利な体というわけです。

たゆみなく消えてゆく姿を行じる

それはどうして出来たかというと、自分は肉体だと思っていないわけですね。肉体はここに仮りにあるんであって、真実はここでないことを、さんざんの修行で知っているわけです。だから一寸ひねりゃわかる。便利でしょ。今にみんなそうなりますから。

ところが心が出来ていない場合には、まだ魂がきたえられていない場合には、そういうことがわかると、大変なことになるのです。たとえば一つの波なら波をパッと受けてしまって、その波にやられてしまう。あるいは自分で捻りたくないのに捻られちゃって、どこからか急に聞こえて来たり、見えたりする。幽霊なんか見えたり、向こうの想いがかぶさったりする。そうすると肉体を解脱していないんだから、とても苦しむわけですね。

単にそういう現象的なことがわかる、目に見えないものが見え、耳に聞こえないものが聞こえ、遠くのものがわかるということは、非常に便利だけれども、こうなるためにはとても苦労がいるわけです。そこで苦労がなくて、しかも肉体人間観をこえて、神霊の人間に肉体を持ったままでなれる方法はどういうものかというと、それはたゆみない消えてゆく姿なのです。

何が聞こえて来ようと、聞こえて来なくても、人が悪口言おうと、褒めてくれた時は喜んでいいけれど、どんなことがあろうと、自分の都合の悪いことがあろうと、自分の中から都合の悪い想いが出て来ようと、サァみんな消えてゆく姿なんだ、自分は神様と一つなんだ、自分は守護霊守護神と一つなんだ、という信念を強める。あらゆることを消えてゆく姿にして、神様と一つなんだ、と思う。ただそれだけ。神様の中にいるんだ、というそれだけの想いの中にいることです。

常に神のみ心の中に想いをおく

神様のみ心の中に、自分の想いをいつも置いておくということです。具体的にどういうことかというと、例えば大工さんであれば、カンナで削る時にああこれは神様がやっていらっしゃるんだ、納豆作りの人であれば、有難うございます、神様がやっていらっしゃるんだ、銀行員ならお金をかぞえお金を渡すのも、神様がやっていらっしゃるんだ、と思うことです。神様から神様へ渡し、神様から神様へもらい、すべてを神様同志の取引、神様と神様がつき合っているんだ、というような観念になる、これが一番なんです。それがこの世が神様の世の中になる、この世が地上天国になる一番の方法なんですよ。

誰も彼も神様の中にいれば、神様は原爆を落としちゃうわけはないですからね。このヤロウバカッ、となぐってしまう神様はいない。あの奴死んじまえばいい、なんて思わないです。とにかくみんながよくなるように、という心が神様の心です。すべての人が幸せになりますように、というのは、神様の愛の心です。そういう想いの中にいつもいればいいわけでしょ。

それを単刀直入にいえば、世界人類が平和でありますように、日本が平和でありますように、私どもの天命が完うされますように、みんなが幸せでありますように、ということです。みんなが幸せでありますようにという想いで、守護霊さん守護神さん有難うございます、という想いでいれば、神様の中にいることになるでしょ。

一回か二回言ったってしようがない。寝ても覚めても言うんです。眠る時でもいい、お便所の中でもいい、歩いている時でもいいから、世界人類が平和でありますように、と祈る。なんか嫌なことがあったら、ああ消えてゆく姿だ、あらゆることを消えてゆく姿だと思って、ただひたすらに平和の祈りをし、いいことばかり思うんですよ。

いいこと明るいことのみ思う

未来のいいことを思うのです。今は貧乏しているけれど、今にみてろ、オレは六十五だけれど九十才まで生きればまだ二十五年もあるから、これからだってお金がもうかる、そんなはしたないことは思わなくていいから（笑）具体的に、自分の欲して人も欲する、自分も人もいいようなことばかり思うんです。完全なことを思うということは、やっぱり神様のみ心に合うのです。神様は完全円満です。何一つ神様に出来ないことはないわけです。ところが神様が肉体の人間の中に入ってくると、肉体の人間は肉体だと思いこんでしまうので、出来なくなってしまう。本当は何んでも出来るわけね。

常に肉体の中にいるから、胸が痛いナ病気かしら、頭が痛いナどうかしら、ああ咳が出るダメかしら、足が痛いナンダカンダといちいち肉体の変化についていっちゃうわけね。親が四十二で死んだから私も四十二で死にやしないかしら、親が癌だったから私も癌にならないかしら、そういうふうに思っている人がありますよ。親の命日は十月三十日だから、だんだん近づくに従って、私もダメじゃないか、親に義理を立てて、親の死んだ日に死ななくたっていいですよね。ところがそう思う人があるんですよ。なんでも悪いほうへ悪いほうに思う。いいほうに思うのはいいですよ。親が九十まで生きた、私はどんな病気をしたって九十まで生きる、というのはいいけれど、悪いことばっかり思う人があります。すぐ悪いことばかり思うくせの人がありますが、そういうのはやはり消えてゆく姿と思って、消さなければいけませんね。悪いことを思ったらすぐ消えてゆく姿。憎い奴がいて、あいつ死んじゃえばいい、と思うことはいいことではありません。生き死には守護神さんの権限だから、守護神さんにまかせておけばいい。自分に都合の悪い奴はいないほうがいいでしょう。会社でも、上役に都合の悪い人がいますと、あいつどこかへ転勤しないかな、病気にでもならないかな、いい案配に病気した、なんて思うのは愛じゃありませんよ。自分勝手でしょ。

神界にいる自分と一つになる

お互いに都合のソロバンをはじいていてはダメです。想いのソロバンをはじかないで、今現われてくることは皆、過去世の因縁の結果が現われてくるんで、いいことが現われてくるのは過去世の徳が現われて、自分に返って来たのだし、悪いことが現われたのは過去世の不徳、徳を積まなかったものが返って来ているのだから、あらゆることが今現われていることは、今やったことではなくて、過去世から現在にいたるまでの業想念が現われて消えてゆく姿です。

今出て来たことを悔んだって、どうしたってしようがないです。もうすでに前の世から出来ていることですから。だから今、一瞬一瞬いいことを思い、明るいことを思い、世界平和の祈りを祈るのです。それが未来に徳となって現われてくる。今積んでおく善徳というものは未来に向かって花が開くわけです。今現われたことを兎《と》や角《かく》いっても始まりません。

一遍、仕方がないとあきらめることです。肉体人間に生まれたんだから、初めから仕方がないんです。仕方がないところから始めるんです。俺はこの世に生まれたくなかった、と言ってもこの世に生まれたんだから仕方がないんですよ。会社がいやだ、といっても勤めたら仕方がない、一旦あきらめて、サァ今度は、仕方のある方法をやるのです。

一つのあきらめの上に立って、それからお祈りするんです。神様にすべてお任せいたしましょう、神様はこの命を下さったんだし、この生活や環境というものは自分が過去世で作ったんだから、仕方がない。ブックサというのは止めて、サァこれからいいものを創りましょう、この世界は自分が創ってゆくんだから、いいものを創りましょう、というんで、いいことばかり想う練習をするわけです。いいことを思えるようになるために、お祈りをし、統一をするんです。

不平不満の想い、暗い想い、悪い想いが出たら、ああ消えてゆく姿だ、といって、神様に消してもらうわけです。これは消えてゆく姿だ、神様有難うございます、世界人類が平和でありますように、といって、神様の大光明の中へどんどん入れちゃうのです。世界平和の祈りに入れちゃう。そうすると、救世の大光明の中でどんどん消されてゆくわけですよ。悪いものがどんどん消えていって、あとに残るものは何かというと、世界人類が平和でありますように、みんなの天命が完うされますように、という深い深い愛の心だけが残るんですよ。愛の心だけが自分の潜在意識の中にズーッと入ってゆく。それをやりつづけていけばきれいなきれいな魂になるわけです。

そうすると、本体の自分と同じになる。光明燦然たる神界にいる自分と全く一つになってしまえば仏様。全く一つになるまでいかなくとも、かなりきれいになって来ます。そうすると自分もいい生活が出来るし、世の中のためにも自然になる、とこういうことになるわけです。

（注5） 巻末の参考資料の252頁参照。

自我と大我

真実の自我は神のみ心のこと

　普通〝自我をなくせ〟ということを言いますが、根本的な自我というのは、神様のみ心なのです。ところが、自我を小我の意味に使っている。自分というものが肉体だとみんな思っている。肉体だと思っている以上は、肉体の想いというのは自我であるわけですよ。本当は、自我というのは大我なのです。

　それで、この世の中では大我と自我とに分けて、大我を神のみ心であり、自我を自分たちの業想念、と伝えられてるわけです。自分というものがまだ本当に判っていないのですね。

『神と人間』(注6)に——宇宙神が或る時、その統一していた光を各種各様相に分けて、一部の光は山川草木等の自然界を創り、一部の光は動物界を創り、そして後の光は直霊と呼ばれて、人間界を創った——と書いてあります。

人間の一番はじめのもとは、宇宙神の中にあるわけです。それが分霊、分霊、分霊と分かれて来て、ここに来ているんですね。

その分霊は肉体界に現われて、肉体界の経験を経ては、また幽界へ行ったり霊界へ行ったり、そしてまた肉体界に生まれてくる。そしてまた幽界へ行ったり霊界へ行ったりして、ぐるぐるぐるぐるぐる廻って、輪廻転生《りんねてんしょう》し生まれ更り死に更りして、何回も何回も経験を経ていくわけです。

何故経験を経なきゃならないか、というと、これはむずかしいことなんです。

神様のみ心というのはごくごく微妙な光の波なんです。み心がさっと動く時は光の波になる。色でいうと、紫の光もあれば、青の光もあれば、赤の光、黄の光もあり、基本的には七色の光の働きがあって、縦、横に働いてこの地球界が出来てくるのです。これは簡単にはいえないけれど、初めに神様のみ心があって、宇宙核という場所が出来る。そこから宇宙子が絶え間なく無数に流れ出して、縦の働き精神波動の宇宙子と、横の働き物質波動の宇宙子とがまざり合って、幾段階かを経て、物質界が出来てくるわけなのです。

しかし、地球の物質界に来るまでに、いろんな波の世界があるんです。何種類あるかわからないんです。微妙な波が粗くなって、この肉体界になる。その場合、神様がパッと物質界にそのまま現われられるわけじゃない。

宇宙神というのは無限の広さであり、無限の大きさであり、そして無限の小ささでもある。言葉のあやのようになるけれど、無限大であり無限小である、ということは、姿が無いということなのです。み心のひびきだけなのです。それで宇宙神ってどういうのか、ってくわしく説明することは私には出来ないわけです。肉体を持っている人間には、大神様そのものを説明するわけにはいきません。大神様宇宙神の中でみんな生きているわけだからね。

肉体界は波の粗い世界

宇宙神の心に一番近い光の人を、キリストというんです。だから神の右に座せる者、と聖書に書いています。宇宙神のみ心というのは、形に現わそうと思えばどんな形にも現われるわけです。

キリストというのは何かというと、地球人類ばかりでなく、あらゆる星の世界の人類を進歩向上させるためにある神の代辯者《だいべんしゃ》。宇宙神の人類に対する中心の働きがキリストというんです。要するに真理をキリストというんです。真理が肉体化するとキリストという人格的な形になるわけです。それが働いている。

真理《キリスト》を中心にして、あらゆる神々がいて働く。その神々の微妙なるひびきが、分生命《わけいのち》として分かれてくると、元の波よりも当然粗くなるわけだ。分霊《ぶんれい》になるともっと粗くなってくる。だんだん粗くなって、肉体界の物質界の波動と合うようなひびきを持たないと、この肉体界に入って来られないんですよ。遊離《ゆうり》してしまう。

たとえば、なんといいましょうかね、飛行機と人間とかけっこをしたってダメでしょ。どうにもならない。絶対に合いっこない。それと同じように、あまり微妙な霊妙《れいみょう》な霊の世界の生命というものは、物質界にそのまま働くわけにはいかないんです。粗い波動ということは、スピードが遅いという意味でもあるんです。

そこで魂として、ずっと波を粗くする、スピードを落としてくる。もっと落とすと魄《はく》となる、魄というのは物質界と同じレベルにある速度なのです。魂魄《こんぱく》の世界に入って、はじめて霊魂魄として肉体界に入り、肉体を動かしているわけなんです。

そうすると、霊は生まれ更りも何もしないわけなんです。霊は神様そのものなんだからね。神の生命そのものなので、魂魄として肉体界に入って動いているんです。

魂魄の世界はどういうのかというと、神界という一番微妙な波動の、この肉体では目にも手にもふれない世界がある。その下に霊界という段階があるわけ。そこに魂がいまして、魂魄として幽界に入って来て、肉体と魂魄とつながっているわけなんです。

霊界と肉体界との間の所に、神々の波を伝える中継所のような場所、幽界がある。ところがあれが憎い、こいつが憎い。うらめしいとか妬ましいとか思う、そういう想いもこの幽界に溜っている。幽界・幽体の中には善いものも悪いものも溜って、ぐるぐるぐるぐる廻っているのです。そこで幽界の波がきれーいになりさえすれば、物質界の肉体人間もきれーいになるわけなんですよ。

が、現在、幽界はすごくよごれているのです。この幽界がよごれているうちは、平和な世界は出来ないわけなのです。幽界というのは皆さんわからないんですよ。肉体界きり見てないから。ところが、この世界にくっついてあるわけなんです。波の世界だからね。

あらゆるもの万物はすべて波動なんだ。光の波動であるか、想いの波動であるか、その混合した波動であるか、とにかくすべて波動なんです。

神は生命のエネルギー

光をエネルギーとして想いが出ます。皆さん、こうやって考えていて、想いがどこから出るかわからないでしょ。想いはどうして出るのか。いのちがあるから想いが出ますネ。肉体が眠っている時、熟睡している時は想いが出ないでしょ。それは霊魂が肉体から離れているからね。霊魂の力、要するに生命の力があって想いが出てくるわけです。

ところが、想いそのものが神様か、というとそうでない。神様というのは、霊妙なひびき、いのち、光なんです。光明のエネルギー、生命のエネルギーなんですよ。その生命エネルギーを利用して、自分たちがそのまま想いを作っていくわけです。

例えば、お父さんが金持ちだとする。子どもが十人いたとする。そして子どもに「お前たちの好きなように使いなさい、何してもいい」とお金をそれぞれ分けた。十人の子どもが、長男の子はいい仕事をしてお金を有効に使った。次男はそれを無駄に使った。三男は使わないで銀行に預けた、というように、みんなそれぞれお金の使い方を自分で勝手に決めるわけです。それで幸不幸、成功不成功を創ってゆく。

それと同じように、人間も神からいのちを与えてもらったけれど、光を与えられたけれど、その使い方は、人間各自に好きなようにさせたのです。好きなようにやって、成功する人もあれば成功しない人もある。要するに不幸を作り出す人もあれば幸福を創り出す人もある。

それが、一回の五十年や八十年の人生じゃなくて、生まれ更り死に更り、生まれ更り死に更りして、自分で失敗した人は、ああこれではいけないんだな、そうじゃない人は、これでよかったな、とかいろいろ思って、いろんな経験に従って、本当に、神のみ心のいわゆる生命波動を、神様のみ心通りにちゃんと使えるようになるまで修業するわけです。

生まれ更ったり死に更ったりして、神様のみ心の通りに使えるようになると、今度は肉体界に来ずに、神界へ行き、守護霊守護神のような形になって、自分が神様と一体となり、神々そのものになって、今度は人類を守っていくわけです。

キリストの許にみんな到達して、そして人類、子孫を守っていくわけです。それで生まれ更り死に更りするのです。

大我と小我との一体化

その場合、生命そのものが動いている場合は、大我というんです。肺が自然に動いている。それは神のみ心で動いているわけです。心臓なら心臓が自然に動いている。これは神のみ心で動いているわけ。あらゆる機能はみんな、神様のみ心がそのまま動かしているわけでしょ。いいかえれば生命がそのまま動かしているということ。

いのちすこやかなれば、心臓も肺臓もすこやかです。ところが想いのほうは神のみ心の通りにやらないんですよ。

神様のほうで「お前は神々の裔《すえ》で、神々に守られているんだから、そのままなんにも心配しなくったっていいんだ」と言ったって心配するでしょ。

何を食わんと思い煩い、何を着んとて衣のことを思い煩うや、野の鳥を見よ、播かず苅らず紡《つむ》がざるに……とイエスは言っている。何もしなくたって、神様は鳥などは食べさせている、というふうに言ってます。鳥は何も頭で考えやしない。自然自然に、本能的にやっているでしょ。

ところが人間はいちいち考える。考えることが善いとか悪いとかは別問題にして、「大丈夫なんだよ」と言われても「大丈夫じゃないんじゃないか」と思い、「お前は神の子なんだ」と言われても「そうじゃないだろう」と思う。自分で勝手に思っている。神様のみ心を離れた想いが一杯あるわけですよ。

そういう想いを自我というわけです。本当の意味の自我じゃないんだ、小我というわけです。自我欲望です。

だから宗教の極意というのは、自我欲望をすっかり神様のほうにおかえしして、「私はいろいろと考えていますけれど、どうも自分の考えじゃうまくいきません。人類を平和にしようと思うけれど、どうやっていいかわかりません。どうか神様、み心のままになさしめたまえ、どうか私の天命が完うされますように、世界人類が平和でありますように」という想いで、神様に想いを全部やってしまうのです。生命の本源に還してしまうわけです。

そうすると自我は、ホラ減ってゆくでしょ。生命の本源にどんどん吸いこまれてゆく。

すると生命そのもの、大神様のみ心そのもの、キリストのみ心がそのままスーと流れて入ってくる。そして大我と小我が一つになっていくわけです。それで自然法爾、そのままの生活が出来るわけなのです。

為すこと言うことが、生きていることが、そのままみんな人のためになる。そのままで自分も喜びがあるというような、人間になるし、生き方が出来るのです。

人間はいのちにおいて一体である

地球人類は一番大事なことを忘れている。それは何かというと、人間というものは、いい、いのちによって全部一つなんだ、ということです。

みんな個人があるでしょう。個体という形があるから、みんな別々な人間だと思っているんですよ。ところが、みんな一つなんです。太陽から光が流れています。いろんな色はあるけれど、その光線の一つ一つは太陽から来ています。と同じように、私たち人間は太陽光線なんですよ。そしてその光線一つ一つがみんな自分なんです。

人のことをいじめれば自分をいじめたも同じなんですよ。あいつはバカだ、という時には自分のどっかがバカなんです。だからバカじゃないように治してやらなきゃならない。自分と同じなんだからね。隣りの人も向かいの人も、みんな自分と一つのもの、いのちは全部一つなんです。それがわからないんですよ。

よく私が話すけれど、自分の子どもが一寸風邪でもひくと、大変だ大変だと騒ぎます。手なんか折ったら大変だ、オロオロしちゃう。ところがよその子が死んでも、ああかわいそうにねえ、ともうあきらめがついちゃう。実際の話がそうでしょ。

例えば台風にしても、日本に来たら大変だと思って、日本から離れるようにと祈る。とにかく日本領土じゃなくて、他の国へ行きゃ、ああよかったよかった、おかげさまで、ということになる(笑)。そういうものが地球人類の業の波の中にあるわけですよ。自他一体観がない。

子どもが怪我をしたり、病気したりすると、お母さんは自分自身のように痛くて苦しいでしょ。皆さんの中で病気したり苦しんだりしていると、私は胸が痛いです。あいつは業が深いから仕方がないなんて思わないです。ああかわいそうになあ、と自分の胸が痛いですよ。それは自他一体観というかネ、皆さんは私と同志だから、仲間で自分のうちの一家の人、だから私は「うちの人」というでしょ。うちの人だから、怪我をしても何しても、アーと思って胸が痛い。あの人どうしたろう、といつもいつも思ったりする。そういうふうに生命が通い合い流れている。ところが、アメリカ人がどこで怪我しようと、イギリス人が死んでも、全然歯牙にもかけないでしょう。この肉体的なほうはですよ。それじゃ世界平和にならないんです。自分の子どもよりもアメリカの子どもを可愛がろう、といったってそんなことは出来ないでしょ。

自他一体観を破る想いを祈りに入れる

そこでイエスは言っています。〝近きより遠きに及ぼせ〟自分に近いものから愛を及ぼしてゆきなさい。そうしなければ届かない。

自分の子どもをほっぽらかしておいて、という人もよくあります。社会事業などで、生活に困った子どもがたくさんあるとする。そういう子がかわいそうだと思って、前生の因縁でやらなきゃならないんでしょう。一生懸命困った子どもばかり世話していて、自分の子が不良になってもかまわない、というのもあるんです、それじゃまずいでしょ。やっぱり自分の身近かからやらなければならない。そういうふうに肉体界は出来ている。

出来ているけれども、それは本当であって本当でない。むずかしいのですよ。地球の肉体人間ではまだまだそこまで行かないに決まっているから、仕方がない。そこで神は、「肉体人間では何事もなし得ないんだから、自分で出来る出来ないという思いを、すべて神様のみ心にお還しなさい」と言うのです。

「みんな消えてゆく姿なんだよ。あるものは神のみ心だけなんだけども、神のみ心をそのまま現わすことは、この地球の人間にはまだ無理だから、現わせないで、自分がああもしてやりたい、こうもしてやりたいけれど、自分は自分のほうが大切で出来ない。だから悪い悪いと思う必要はない。もう仕方がないんだから、それよりも、悪いなと思う心も、どうだこうだという想いも、みんな神様の中に入れてしまいなさい。只入れただけじゃ何んだかもの足りないだろうから、積極的に世界人類のためになる、自分の罪ほろぼしだネ。罪ほろぼしのような気持ちで、世界人類が平和でありますように、と思いなさい」というんですよ。

自分が悪いとか、人が悪いとか、自他一体観、生命の同一観を破っている想いを、そのまま世界人類の平和の祈りの中へ入れてしまって、神様に消してもらうんです。神様中訳けありません。せめても、世界人類の平和を願いましょう。私たちは罪深い者なんだから、という形ですよ。本当はね。

みんな消えてゆく姿なんだ、ああ神様有難うございます、世界人類が平和でありますように、と平和の祈りの中に入れてしまうと、自分を痛める想いとか、人を痛める想いとか、神にそむいているような想いが、みんな世界平和の祈りの中で消えちゃうでしょう。そういうことを私が教えているわけです。

祈りの中に生命の平等観が現われる

人を愛せよ、なんて言われたって、まず自分が先なんですよ。地球人間の今の社会制度がそうなんだから。自分で自分を守らない限り、誰れも自分を食べさせてくれないんだから。働かざるもの食うべからず、で自分で自分たちのことをやらなければ生きられない。お互いに自分を守るより仕方がないでしょ。

しかし、生命の同一観からすれば、それじゃだめなんですよ。だけど社会機構がそこまで行かないから、それは出来ないでしょう。そのハンディキャップをどうすればいいかと言うと、自分ではそれをどうすることも出来ないんだから、神様、どうかみ心のままになさしめ給え、世界人類が平和でありますように、と入れてしまうわけです。

そして、自分の想いを全部世界人類の平和を願う祈り一念にすれば、あとの細かいマイナスの面は、みんな神様のほうで赦してくれるわけですよ。何故かというと、根本は世界が平和になればいいいんだから。

世界人類が平和で、みんな仲良くすることを大神様は願っていらっしゃるんです。だから、それに協調して、み心に合わせれば、あとの枝葉のことは自然に消えていくわけです。いちいち自分のことをいじめなくても、人をいじめなくても、みんな世界平和の祈りの中に入れてしまえば、生命の平等観がそこに現われてくるわけです。

出来ないことをやれ、と言っても出来ないんですよ。お前たちは肉体じゃないんだ、と言われても判らないでしょ、肉体だとどうしても思ってしまうでしょ。そういう想いが習慣としてあるんだから、あらゆる習慣的想いを平和の祈りの中に入れてしまって、どうぞ神様お願いいたします、とやんなさい、と言うんです。

出来ないことをやろうとしたって出来ない。人のために自分の財産を全部投げ出すことはなかなか出来るもんじゃない。だから出来る範囲でやっておいて、出来ないことは全部神様にお赦しを願って、世界平和の祈りの中に入れてしまって、勘弁してもらいましょう。とこう言うんですよ。そうすると、知らないうちに世界平和の祈り一念にだんだんなってきます。

そうして、一人一人とだんだん多くの人が世界平和の祈りの中へ、自分の欠点を投げ出して、消してもらっていけば、知らないうちにひびきが、光のひびき、大生命のひびきに還って、平和になってゆくということなんです。

いのちを捨てざればいのちを得ず、というのは、自我（小我）を捨てなければだめだということです。自我をどこへ捨てるかというと、世界平和の祈りの中へ捨てなさい。自分勝手な想いが出たら〝世界人類が平和でありますように〟人を憎む想いが出たら、〝世界人類が平和でありますように〟妬む想いが出たら〝世界人類が平和でありますように〟自分に偉ぶる想いが出たら〝世界人類が平和でありますように〟とみんな世界平和の祈り中へどんどん入れてしまいなさい、というわけです。

そうするときれいな合唱のように、美しく力強い交響楽のように、みんなの心のひびきが一つになって、調和したひびきがこの世の中に現われてくるわけです。

（昭和38年8月）

（注6）　霊と魂魄、生前死後、守護霊守護神、因縁因果を超える法等、神と人間との関係を明示した本。

第2章

人間に宿る限りなき力

内なる力を発揮する

内なる本質を発揮させるのが宗教の本質

宗教の教えには、ものをあてて、予言をして、お前はこうこうして病気になった。その病気の原因は、何々をまつらないからだとか、井戸を埋《う》めたからだ、というようなものもあります。しかし、ほんとうの宗教というのは、そういうのではなくて、与えられている生命力をいきいきと生かす、いきいきと働かせる、そういう道にのることなのです。いいかえるならば、大宇宙の法則によって、自然がさわりなく運行されているように、人間が神の生命の道筋《みちすじ》にのることが宗教の本質なのです。

その法則にのって病気がなおる人もあれば、法則にのって貧乏がなおることもあります。

そういうなおり方なり、なおし方ならばもちろん結構なのですけれども、ただ目に見えない幽界の生物を使って貧乏をなおしたり、病気をなおしたりすることがあるのです。そういう場合には、必ずお礼を出さなければならない。お礼というのはお金ばかりではありません。いろんな意味の礼をしないと、今度は恨んで、逆に病気にしたり、貧乏にしたりすることが多いのです。そういう生物も神様と称しますから、そういうところに集まる人はあわれむべき人々です。一時はよくなるかもしれないが、やがては亡びてしまうことになるのです。

その場その場のご利益信心というのは、宗教の本質を知らせず、大生命の本質を知らせるのではなく、また悪い癖《くせ》を取るのではなく、自分の力というものを出させるのでもなく、なんでもかんでも神様にやってもらおうという、そういう依頼心ばかり起こさせて、それでおしまいになってしまう。そうすると、生命がいきいきと生きるというわけにはいかないのです。ですから、いかにもよさそうに見えるけれど、自分が損をするものなのです。金持ちの息子が親にばかりお金を貰っていて、働かないで暮らしているのと同じようなものです。

神様から与えられている力をフルに働かせ得る、そういう道に人々を導き入れるのがほんとうの宗教なのです。そこで私どもの宗教というのは、守護霊、守護神の加護と結びつけて、自分の中にある生命の力を充分にふるいおこし、自分に与えられた力を万全に発揮しよう、発揮させようという宗教なのです。それが〝世界人類が平和でありますように〟という祈り言になるのです。

一個人の生命というものは人類の生命とつながっている。個人が立派に生きるということは、人類にそれだけプラスする。一人の人間がつまらない生き方をするということは、人類にそれだけマイナスする。だから個人というものは、たえず人類と切っても切れぬ関係にあるわけです。ですから、個人がつまらない宗教に入って、いわゆるお狸さん、お狐さんの幽界の低級なる生物のご利益にすがって生きてゆくとすれば、そんなものは人類のマイナスになりこそはすれ、ひとつもプラスにならない。その人自身にもプラスにならない。なぜかというと、依頼心だけを起こさせるからです。

人間の中にある生命力が神様

そういうのは宗教でもなんでもない。その人の持っている生命力は無限の生命力につながっているから、必要な時にそれを発揮させるために宗教があるのです。

だからただ単に神社まいりしたとか、単に宗教団体に入った、なんていうことだけでは真の信仰とはいわないのです。神まいり仏まいりするのはいいです。宗教団体入りするのもいいでしょう。しかし、そういうことが本質ではなくて、自分の持てる力を充分に出し得るような道にのること、つくことが大事なのです。その道に導くのが宗教家の役目なのです。

宗教団体に入り神仏になんでもいいからすがって、自分の力を一寸も出さず、それで神をこわがってふるえ、罰があたりはしないか、お賽銭が少なかったから悪いんじゃないかしら、とか、お札をなくしたから悪いことがありはしないか、こんなことをしては罪にはなりはしないか、というように、ひねこびた精神になっていたのでは何にもならない。

宗教をやったがために、いつも心が把われていて、いつも自分の心がおびえているような宗教信仰入りならば、そんなものはすぐやめたほうがいいです。そんな導き方をするのは神様でも仏様でもありません。

神様は自分のなかにある。自分の中にある生命力が神様なのだし、それを全部出したものを仏様というのです。ですから神様になるのも仏様になるのも、すべて自分の生き方によるのです。

祠や神社に神様がいるわけではないし、お寺に仏様がいるわけでもありません。自分の中にある神様、仏様が、信仰が強く深くなると、その神社、仏閣に現われてくるだけであって、神社、仏閣に行かなければ、自分の中の神様が出ないわけではありません。どこにいたって、寝ていたって、起きていたって、神詣りしなくたって、自分の中に神様、仏様があるのだから、その内なる神、仏を引き出してくれる、そういう方向に導いてくれる、というのがほんとうの宗教家なのです。

人間は無限の力を宿した存在

我々の宗教というのは、私がまず体験してよくわかった、そうした点から出発しているわけです。わかったというのはどういうことかというと、自分と神様とが一つだった、ということなのです。神様と一つになると、無限の力が現われてくるのです。

人間は本来、量り知れない無限の力、無限の智慧、無限の愛を持っているのです。誰でも持っているのです。それが肉体に限定され、肉体人間になると、十とか百とか千とか、僅かの力しか出せないわけです。どうしてかというと、自分で「私はこういうものなんだ」「自分はこれだけの能力しかないんだ」「自分はこういう性質なんだ」と自分で決めてしまうと、自分の力がそれで決まってしまうわけです。

私もはじめそうでした。ところが気が付いて「ああ自分で決めてしまうからいけないんだナ、自分というものをすべて自分の本心、神様のなかに入れきってしまえばいいんだ。神様どうぞ私の生命をお使いください。どうか人類のために働かしてください」って投げ出した。全部心の底から投げ出したのです。それからいろいろな修行があったけれど、本質のいわゆる五井先生という直霊の力がサーッと入って来て、いろいろなことがわかるし、力がついて来た。力というのは光です。

みなさんが自己限定して、肉体を人間だと思っている。そういう人が、たとえば十の力しかないとしても、私のように自己限定したものを全部投げ出して神様のなかに入ってゆくと、神様の力が無限に出てくる。千でも万でも億でも、必要に応じて、どれだけの光でも出てくる。そういう体になるのです。

だから、自我をなくして、というとむずかしいけれど、自我というものを世界平和の祈りの中に入れてしまうと、自分で自分を限定していた想いがなくなるから、本体の力がそのまま出てくるわけです。そういう人がたくさん出てくれば、世界はそれだけ大きなプラスになるのです。そういう人間をつくろうと思って、一生懸命やっているわけです。

神様、神様というけれど、さわらぬ神にたたりなし、というのもあるのです。どういうことかといいますと、間違った宗教団体に入ったり、低級な生物を神として祀ってある神社へお詣りしたりすると、入ったが因果で、今度は出られなくなる。年中、心は痛められる、金はとられる。金はとられ、心は痛めつけられながら、自分の力を一生出せないで終わってしまう。そうすると、さわらぬほうがいいし、入らないほうがいいということになります。つまり、さわらぬ神にたたりなし、ということになるわけです。

その他、宗教は阿片なりとか、いろいろ宗教とか神に反対していうことがありますが、それは神というものが、考え方によっては危険だからです。何か偶像のようなものを思って、それを神様だと思う。

神様というのは大生命、生命の親です。自分のなかでいつも生命の親様がつながっているのです。みんな大生命のお子様方なのです。親様に感謝すればいいのだから、親様、有難うございます、本心さん有難うございます、といってもいいし、私のなかの神様有難うございます、私のなかの仏様有難うございます、といってもいいのです。けれどそれではなんだかピンと来ないでしょう。大神様から分かれてきている守護神があるし、守護神によって助けられ、浄化された守護霊があります。祖先の悟った霊ですね。だから、ここに祖先の霊が守っていてくれるんだな、有り難いな、祖先というものはおじいさんおばあさん、あるいは亡くなったお母さんといえば、ピンときます。そこで守護霊さん有難うございます、守護神さん有難うございます、自分の祖先の悟った人にまずお礼をいってつながり、それから守護神さんにつながり、大神様につながって行くわけです。

自分に反対の想いがあるとほんとうのものになりません。自分で自分に納得させないと力が出て来ないんです。信仰心でも同じことです。自分が納得するような方法が一番いいわけです。それには先祖崇拝がいいんです。おじいさん、おばあさんが守っていてくれる、というと何かピンと来ます。おじいさんおばあさんが子孫に悪いことをしっこないです。これは感情としてわかっています。感情でわかるような教え方がいいわけです。

自分の生命に感謝する

守護霊さん守護神さん有難うございます、大神様有難うございます、というようにつねに感謝の想いを捧げていると、天と地がつながって、もとの大生命と小生命がつながって、つねに新陳代謝して、いつもいつも光が交流しているというかたちになるわけです。

ですから自分で出来るのです。けれども自分だけでは心細いので、私なら私のところへ来て統一します。私は人間は光だということが、わかっていますから、わかった人の体を通して、光がくまなくいきわたります。そうすると、皆さんの意識が、ああこれでよかったんだと満足します。それによって力が出てくるのです。

そういうところから考えますと、どこの神社へおまいりしなくたって、仏閣へおまいりしなくたって、自分の体にほんとうに感謝し、自分の生命に感謝していれば、それで宗教の本質は完うされているのです。

自分の生命に感謝するような人は、他人のためにも尽くす人です。自分の生命がほんとうに感謝できれば、人の生命にも感謝するわけです。人をぶんなぐって、自分だけ得をしようなんていうことは、できっこないのです。感謝することに徹底しないといけないわけです。

中途はんぱはいけません。お金を貸せといってきたとします。「あの人も神の子だ、みんな信じあわなければいけない。あの人が持っても私が持っても同じだから、貸そうか、いやよそう。しかし、それでは相手がかわいそうだ、まあ仕方がない、貸しちゃおう」なんてやるから、返ってこない。お金を貸してくれときたらば、家には金がないから、とハッキリ断るか、あるいは私はこれだけある。しかし全部やってしまうと困るから半分だけあげましょう、とハッキリした態度を示せばいいのです。そうすると、案外返ってくるものです。

いちばんいけないのは、どうしようどうしようと、迷うことです。いつまでたってもきりがない。信仰でもそうです。五井先生というのは本当にいいのかナ、きょうだけではわからない、あしたもいってみなければ……ほんとうにいいのかな、嘘かな、なんて躊躇していたのでは、いつまでたっても前進できません。止めるなら止めるのです。それで、外で苦労してくると、ああやっぱり五井先生がよかった、と戻ってきた時は、もう確固不動のものになります。

生命への感謝が人類愛につながる

どうしようどうしよう、といったり来たりするのはいちばん損です。いっそのこと、唯物論、無神論に徹してみることです。そして、失敗したら、生まれかわってきた時は、こんどは素晴しい宗教家になります。

この肉体の一生などというものはたいしたことではないのです。ぶつかってみることです。ぶつかって、しまった！　と思った時、こんどはほんとうの信仰になるのです。いいかげんの信仰がいちばんいけない。それを「神と富とに兼ね仕えることは出来ない」とかいうわけです。

やはり、信心というのは、一向専念でなければいけない、これがいい、といったら最後までいいのです。たとえそれが間違ったとしても、ぶつかって、ああしまった、とほんとうに気が付けば、正しい道を真剣に行じるようになります。

ここで信仰というものはどういうものかともう一度いいますと、ここに生きている自分というものは、大生命の分かれであるんだから、大生命さま有難うございます、神様有難うございます、とひたむきに感謝することが大事です。神様に感謝して、生かされている生命に対する感謝の気持ちが、こんどは横にひろがって、人のために尽くす、人を愛する、というかたちになるのです。真理の言葉はかんたんですが、そういうことなのです。

それがなかなか出来ないから、私がお手助けをして、柏手を打ったり、口笛を吹いたり、印を組んだりして光明を送り、みなさんの本心開発のお手伝いをしているのです。私はそういう役目になっているのです。

消えてゆくに従い、本来の姿が現われる

この世では昔から哲学的に人間性善説《にんげんせいぜんせつ》と性悪説《せいあくせつ》に分かれて論争が繰りかえされてきました。私はどう説いているかというと、性善説なのです。

人間はみな神の子であり、本来は完全円満なのだ。今ここに悪のように現われ、不幸の

ように見えているのは、過去世の因縁、つまり過去世で間違った神のみ心をはずれた想いが、今現われて消えてゆく姿として現われているのであって、消えてゆくにしたがって、本来善なのだから、消えてゆく姿にいつまでもつかまっていなければ、本来のものが出てきて、そのまま神の姿が現われるのだ、今は、その過渡期《かとき》なのである、と説いているわけです。ですから本来は人間は善なのです。大生命の光明を宿している生命なのです。

悪と現われるもの、神のみ心から離れた想い、自分勝手な想いがどうして生まれてきたのかというと、本来は生命は一つであって、みんなが相関関係で、みんなが、みんなの幸せを祈りながら生きていかなければならないように出来ているのを、自分だけの幸せというものを考えはじめたわけです。それが業になった。いいかえれば、光からはずれた波、業想念波動《ごうそうねんはどう》というわけです。その業想念波動が今、光のなかへ消えてしまえば、みんな性は善なりで、いい人になってしまうのです。

消えてゆく過程ですから、いいものは奥にひそんで、今、悪いものが現われている。表面は悪いものばかりが見えるので、人間は悪いように見えてしまう。ところがたまたまいい行ないをした人がいると、ああいいなア、人間もいいなアと思うのです。ですからいい行ないをしている人がふえれば、人類というものは力づきます。ああ人間も悪くないな、こんないい人もいるんだなあ、私もいいことをしよう、といって善い行ないをするようになるのです。ところがなかなかそれが出来ない。

やがてみな光り輝いた人間になる

先日「逃亡者」という映画をテレビで見たのですが、主人公がとても人の真似できないいい行ないをするのです。その映画のなかで、無実の罪の自分を追ってくるしつこい刑事がいる。以前その主人公に助けられたのに、追跡《ついせき》してくるのです。ちょうど嵐になって、その刑事がけがをしてしまう。けがした人にかまわず自分は逃げてしまえば助かるのに、自分の運命をかけても人を救わなければいられないで、みんなが反対するのにかかわらず、輸血までして助けるのです。

人間の本質のなかには、自分の運命をかけても人を救わなければいられない、というものがある。けれど、ただそれが覆われているだけなのです。しかし、その主人公は本心がむき出しに現われているから、それが出来るわけですが、今はそういう人が少なくなっているのです。自分の身の危険を顧《かえり》みないで、敵である人を救うということは、なかなか出来がたいことであるのです。ところがその映画ではつねにやるから、ああ立派だなアと、こちらが感動するわけです。

そういう人間が仮りにここにいれば、ああ立派だなア、私も真似したいな、というようになるわけです。だから一人の人間がいい行ないをすれば、大勢の人に勇気を与えるわけです。一人のシュバイツァーが出れば、ああシュバイツァーは立派だナ、とあとからそういう精神をつぐお医者さんが出るでしょう。そういうふうにして、日常茶飯事《にちじょうさはんじ》のなかでも立派な行ないをすれば、その人の周囲が浄まります。

ああいう立派な人がいる、私たちも立派になりたいなアということになります。

その立派な行ないはどこからくるかというと、性善説の神の光が出てくるわけです。その逆に、立派でない行ないはどこから出てくるかというと、神の光を覆っているところから出てくる。その覆いをはずせば、光は出てくるのです。光は一番奥にあるわけですからね。業が覆っているのだから、それが落ちれば、消えてゆく姿になってしまえば、光が出てくる。光の奥には業はないのです。

根本は光なのです。業が光をくらましているだけなのです。自分さえよければいい、自分さえ、と思っている想いがくらましているのです。その業が幽界にみちみちていて、人類が自分勝手な生き方になっているわけです。しかし、それは本質的なものではないから、やがては必ず消えてしまうのです。

ところが、そのまま見過ごしていたのでは消えません。そこで、人間は本来神の子であって、光り輝いているものだから、自分の悪い想いが出ても、人の悪い想いが出ても、不幸なことが現われても、それは過去世の間違ったものが出て、消えてゆく姿なのだから、消えてゆく姿と思って、悪い想いを持ったままでいいから、世界平和の大光明の中に入りなさい。「世界人類が平和でありますように」と、祈って入りなさい。そうすると大光明が消してくださる。これをくりかえし実行しているうちに、やがて自分も人も光り輝いた人間になっていくのです。本来の性、善なるものがここに現われてくるのです。こういうように説くわけです。

こういう教えがなかったら、世の中はよくなりません。いつまでたってもお前の心は悪いんだ、お前の心を直さなくては、とやっていたのでは、よくなりません。やっぱり消えてゆく姿で世界平和の祈り、というような、心の転換、想いの転換方法というのがなければ、この世の中はよくならないのです。この教えはじっと考えて、実践してみると、素晴しい深い教えなのです。そのリーダーシップを私がとっているわけです。

自分自身の力を信じる

神様の力を忘れた人間

人間というものは、いつも言うんですけども、簡単に言えば二つになっているんです。肉体の中の自分というもの、何の誰がし、何の誰子という自分というものと、それから本心本体としての神そのものである自分というもの、この二つあるんですよ。それで、どっちが本物かというと、神様である自分が本物であるわけです。

よく人間だから神様になんかなれっこないとか、人間だから仕方がないって、言うんですよ。しかし本当の人間というもの、神人というものは、神と全く一つなんです。

この世の中に現われているものの中で神様がお創りにならないものはないんです。すべて神様がお創りになった。本当のものは神様が全部お創りになった。それから神様の生命エネルギー、いわゆる神様の力を人間は持っていますから、神様のエネルギーを使って、人間が作ったものがある。それは何かというと業なんです。

神様の中にはもう悪いものは一つもあるわけはない。神様はもう全体ですからね。完全円満大調和です。神様は大調和そのままだし、人間は神の分生命《わけいのち》だから調和そのままなんです。ところがこの世の中というものは、実は悪もあれば、不幸もあれば、災難もあるわけです。

どうしてそうなってしまったか。それは人間が肉体に入ってきてから神様の力を忘れてしまったんです。自分の本体を忘れてしまった。それで自分は肉体の人間だ、五尺何寸の人間だ、とね。AとBとは違う、あの子とこの子は違う、とみんな別々に考えているわけですね。今でもそうでしょ。みんな人間の生命は、こう通い合っているのが分かりませんでしょ。みんな形が別だから、あの人と私は違うと思っている。

ところが本当の底を探りますと、みんな一つの生命に結ばれています。そこでキリスト教でもあらゆる宗教でも、みんな人間は兄弟姉妹であるという。みんな一つの生命に帰一するわけですね。みんな神様のみ心の中にあるわけです。そういうことが分からないと、宗教はダメなんですね。

だから私この間も言ったけど、この五井先生という肉体がありますね。肉体の五井先生というのは、やっぱり皆さんと同じようです。皆さんよりちょっと微妙ですからね。微妙は微妙です。あなた方の心が分かったり、いろんな運命が分かったり……。そうして普通の肉体よりは、大分上等は上等です、これね（ご自分の体を叩かれる）、申し訳ないけども。だけれども、やっぱり肉体ですよね。皆さんより物が分かるというだけで、肉体です。だから肉体はやっぱり一つの道具ですよ。

本当の五井先生というのは、神界にいるわけです。皆さんはどこにいるかというと、やっぱり同じ所にいるんですよ。神界にいるんです。神様の中にいるんです。

皆さんはそれが分からないんです。私は分かっている。その違いなんですよ。分かるということは、大変に得なことでしてね。分からないということは大変に損なことなんです。

自分にお金があるのに——もう千万くらいじゃこの頃少ないですね。百億くらいにしておきましょう。百億くらいあっても、ないと思ってる。財布の中に千円しか持ってないとしますね。百億あるんだけれども、千円しか持ってないとすると、もう千円だ千円だと思って小ちゃく細かくケチケチ使うわけです。実際は百億持ってる。でも知らないんですよ。知らないから千円きりしか使えないんです。

ところが私は無限億万円持ってることを知ってるんです。だから平気なんです。お金にも把われない、何にも把われない。分かりますか？

お金にたとえたけれども、力にしても能力にしてもね。素晴らしい能力を持ってるんだけれども、自分は知らないで、少しの能力きりないと思っている。思い込んでるから出せないんですよ。あると思っている人は出せるんです。

それで、どっちが本当かというと、あるほうが本当なんです。何故ならば、人間の本体は神様だから、神様の生命をそのまま持ってるんだから、いくらでも出せば出るんです。天にありますから、どんどん引き出せば、どうにでもいくらでも出てくるんですよ。それを引き出さない。チョコチョコと出してね、それでもって、〝私は駄目です、私は出来ません〟という。何でもかでもやらないうちから出来ません、やりもしないで出来ません、と。

それが案外やれば、出来るんです。まあ戦争中でも、力のない女の人が、もう空襲とか来れば、うんと力を出して、いくらでも力が出ましたね。寝る時間でも二時間くらいしか寝なかったり、食べる物も、あんまり食べなかったり、それでいて、今以上の力仕事を平気でしていたんです。ところが今は食べる物は余計食べて栄養をたくさんつけて、充分に寝ていながら、昔よりずっと力がないんですよ。ないんじゃなくて出さないんです。

しかし一旦緩急があると、何か事があると、力が出てくるんです。事があると力が出るということは、力があるのに出さない、出し惜しみしている。出し惜しみじゃなくて力があることを忘れている。

祈りにより本来の力が出てくる

だから自分に能力、才能、力がある、知恵があるということを再び思い出すためにお祈りをするんですよ。自分が神様の子であって、神様の分生命であるということを思い出すために、一生懸命お祈りするわけです。

どういうのがお祈りかというと、自分が本当はまあ億万の力がある、素晴らしい力があるということを知らないでしょ。何がそれを忘れさせているか、ないと思っているかというと、自分の肉体のほうにある想いなんですよ。肉体のほうにある想いが自分は駄目だ駄目だと思うのです。だからこの想いを、どんどん毎日毎日、神様のほうへ入れていく、お祈りによって入れておきますと、邪魔がなくなるでしょ。邪魔がなくなるに従って、力がどんどん出てくるわけです。

斎藤(注7)さんが私の所に来た時には、唯物論者から抜け出して、ちょこちょこと心霊科学やったりなんかしていたところへ行って、何にも知らないわけですよ。知らないから力がない。ところが、私のところへ来て、だんだん研究して、だんだん自分の力を開いていったわけですね。霊能も何もなかったのが霊能が出てきた。絵が描けないのが絵が描ける。字も上手くなる。すべてが向上してくるわけです。それはないものだったら向上しっこないでしょ。あるから向上する。それは斎藤さんばかりじゃなく、皆さん全部があるんですよ。皆さんは恐らく、例えば百万の力があったとしても、出してるのはたった三か五なんですよ。百万分の三か五しか力を出していない。それで自分はいっぱしやってるつもりなんです。

自分自身にある無限の力を信じる

だから一番最初に言いたいことは、神を信ずるとか、五井先生を信ずるとかいうより先に、自分自身を信ずることなんです。自分自身には力があるんだ、自分は神の子なんだ、自分は神の分生命だから、悪いことがある道理がない、あったとすれば、神様を離れていた時の自分の想いが、いわゆる消えてゆく姿として現われているので、それを知らない前の業が現われているので、自分が神の分生命と知ったその日からは、業はないんです、本当は。それを信じないといけません。

だから神様の世界は完全円満であって、自分は神の子だから素晴らしい能力があるんだということを信ずることなんですよ。

ところがそう言われても信じられないでしょ。信じられないから信じて行なっている私みたいな人がいますね。こういうのを、先覚者って言うんです。先に分かって、神と自分とは一つであるということが分かって、力、能力が発揮できた人、能力を出した人。普通の人よりも能力が出ています。〝ああこういう人がいるんだな、それじゃこの人の言うこと、やることを信じよう〟と、こういうことになるんですね。

だから自分で自分の力を信じられる人は、誰にも頼ることはない。自分一人で生きられるわけですよ。自分の中の神様を出せばいいんだからね。結局私を信じろとか、宗教を信じろというのは、各自の自分の中の力を出させるために、こういう宗教団体なんかがあるんですよ。教祖だとか会長だとかがいるんです。だから自分自身で力をどんどん出せれば誰もいらないんですよ。自分でやったらいいんですよ。

だが、自分で出せないと思ったら、〝五井先生を信じよう、五井先生の言うことは間違いないから信じよう〟と思って信じればいいんです。分かりますね。

まず第一番に自分を信じることなんです、根本は。自分は神の子であって、無限の力を持っているんだということを信じることがまず第一なんだけども、出来ないから先に本当に力を出した人を信じる。その生きてきた道を信じる。その人の書いたもの、その人のしゃべることを信じて、〝ああそうなんだ、ああやっぱり自分は神の子なんだな、神の分生命なんだな〟と。

もしここに不幸や災難や病気が現われているとするならば、それは過去世の因縁が、神様の子であることを知らなかった時の想い、神様を離れていた時の想いが現われてきて消えてゆく姿なんだなと思うんです。

世界平和の祈りを続ければ必ずよくなる

皆さんはもう世界平和の祈りを知ってますね。だから常に、自分が罪を作ってるとか、自分が悪いことをしているとか、そういうことを一切帳消しにしなければいけません。もし誤って人を恨んだとするならば、〝ああこれは過去世の因縁がここで現われてくるんだから、ああ申し訳ない、そんなこと心に起こしちゃいけないんだ、神様有難うございます、どうかあの方の天命が完うしますように〟と、パアッと変えちゃう。悪い想いが出、悪い行ないが出る、そうした時にもう即座に神様に謝っちゃって、世界平和の祈りの中に入ってしまう。

そうやって常に常にいいものばっかり、いいことばっかり自分の中から出すんですよ。悪いことはどんどん消えてゆく姿にしてね。あとはどんどんいいことばっかり、自分がなりたいようなこと、人がなってもらいたいようなことを……。

そうすると、一番なってもらいたいことは、世界人類が平和であること。自分の天命が完うされること。そういうことが一番なってもらいたいことでしょ。それを皆さんは気が付かないうちに、知らないうちに、世界人類が平和でありますように、と言ってるわけです。日本が平和でありますように、と言っている。私どもの天命が完うされますように、と一番自分の望むことを唱えているわけね。毎日毎日、朝昼晩歩いていても、電車に乗っていても、お便所の中でも、食事の時にでも、いつでも世界人類が平和でありますように、とやっているでしょ。これはただ事でない、大変なことなんですよ。大変に徳を積んでることなんです。分かりますか。

何故かというと、もう一回言いますけれども、人間は神様の子で、自分自身が創造主なんですよ。自分の運命を作るのは自分なんです。誰も他の者が自分の運命を作ってくれるわけじゃないんです。自分の運命はすべて自分が作るので、どんな悪いことも、どんないいことも、みんな自分が作ったことで、ただその悪いことが現われてくる場合には、過去世の因縁として、それを自分の中に入れておかないで、消えてゆく姿で祈りの中に送り込んでしまえばいい。

だから常に悪が現われたり、不幸が現われたり、自分の中に嫌な想いが現われたら、過去世の因縁としてパアッと切り離さなけりゃいけない。それで消えてゆく姿にしてお祈りの中に入れてしまう。

それで、今の自分はいいことばっかり、本当にいいことばっかりを思うんですね。その一番最上のいいことが世界人類が平和でありますように、日本が平和でありますように、私たちの天命が完うされますように、という言葉に現われている想いなんですよ。言葉は即ち神なりき。だからそれを言葉に現わすと、言葉通りの運命が自分に現われてくるんです。

こういう簡単な原理です。あんまり難しいことはないんですよ。人間が立派になるのも、運命がよくなるのも、あんまり難しいことはない。ただひたすら、ひたむきに、たゆみなく飽きないで、世界平和の祈りを続けていれば、必ずよくなるに決まっている。

それは法然、親鸞が、南無阿弥陀仏と言えば、必ずその人たちはいい所へ行くと教えたのと同じであって、それがもっと現代的に分かりやすく、しかも意味がはっきりとれるように説いているのが世界平和の祈りなんです。

（昭和45年3月）

本体の力を百パーセント出す

何が人間の本体か

人間の本体は肉体ではないんです。よくよく考えてみますと、肉体というものは器でしょ、場所ですから、生命が無くなってしまえば、肉体は動きはしません。何も考えません。そうすると、動かしていたものは生命でしょう。その生命というのは何かと言うと、波動、微妙ないろいろな種類の波動が生命という名前であるわけです。

だから想いというものは、その生命のエネルギーの中から出てきたものなんです。この肉体の世界にいますと、肉体の世界で生活していますと、肉体環境によっていろんな想いがそこに湧いてくるわけです。それがいろいろとぶつかったりして業想念になってくるんです。だから神様のみ心そのままで、もう初めから終わりまで無始無終の永遠の生命の中にすっぽり入っていれば、神様から離れた想いがあるわけがない。そのままでいいわけなんです。そのままその場で知恵が出てくる。その場で力が出てくる。そういう形になるわけです。

だけれども、そこまでに行くのがまた大変なんです。業想念の中を通って来ないと、そこに行かないんです。肉体世界のいろんな経験を経て、いろいろやって、いろいろ考えに考えて、こうして勉強したけれども、だけどもまだまだ何も分かっていないんだな、自分は、と思った時に、初めて本当の統一になったりする。それで今まで経験した、体験したことが生きてくる。生きてパッパッと浮かんでくるわけです。さらに、この世ではまだ体験しないような知恵がそれに加わってくる。だから考えたい人は、考えて考えて考え抜いたほうがいいんです。その場そのものを、その自分の持っている持ち味を生かし切った時に、持ち味以上のものが出てくるんです。持ち味っていうのは小さいものかも知れない。そうすると持ち味を生かし切った時に、その持ち味からもっとずっと、ああ自分にこんな力があったのか、こんなことも出来たのか、ということが出てくるわけです。

斎藤さんの例じゃないけれど、斎藤さんは絵なんか何も画けない人でしょう。画けない人がいつの間にか、観音様とかなかなか立派な絵を画いて、その絵によって磨かれたって人もある。そういうふうに自分の肉体で画くんではないけれども、向こうのいわゆる霊界の波動が感応してきて画くわけです。それにはやっぱり常に消えてゆく姿で平和の祈りという純粋な祈りがなければいけない。自分の力が欲しいから、自分が人に、あの人は力がある、あの人は立派な人だって思われようとして、何か肉体人間の力よりもっと勝った力を得ようと思って統一したりすると、そういう想いは我《が》でしょう。だから、そういう我《が》の想いには我《が》が感応してくる。肉体の世界に近い幽界の想いや何かが感応してきて、変な自動書記をしたり、変な態度をしたりするわけです。

だから肉体の人間が自分で考えて、自分で話しているように見えても、実は神様がやらせている場合もあれば、幽界の生物が話させている場合もある。それを判断するのはどうしたらいいかというと、常日頃の自分の想いがどれだけ無我であるかということによるんです。自分のことばかり思ってないか、あるいは自分が奇跡を見せたいという想いがないか。人によく思われたい、人に褒められたいとかそういうつまらない想いがあるかないかということなんです。そういう想いがすっかり無くなって、本当に純粋に人のために尽くしたい、純粋に自分の本心を開きたいという想いで統一したり祈ったりしている場合には、本当の力が出てくるんです。

常に反省しながら立派になってゆく

だから、そのやってることがいいことか、悪いことか実際に自分の心を計ってみれば分かるんです。ところが深く計らないで、いい加減でごまかしちゃうわけです。そこで、常日頃から統一しても、すべて何事をやっても、常に自分の心を顧みて反省しながら、ああこれでいいかな、これでいいかな、と思いながら一歩一歩一歩上がっていく。そうすると知らない間に立派な人間になるわけです。

私なんかこうなる前、実に何遍も何遍も反省反省反省して、ああこれでいいのかな、これでいいのかなって自分の心を顧みたものです。もう全然考えさせられなかった時は別ですよ。全然意識を取られてしまって、いわゆる全然想念停止というのがありましたね。思考力が無くなったっていうか、無くしたっていうか、取られたっていうか、本当はこれは難しい問題だけれども、守護神とこっちの話し合いで想いが無くなってしまったでしょう。それで自然にスースー、スースーとやっていた時はまた別だけども、そういう段階は通ってしまって、今度は当たり前の人間として世間に出て、当たり前の生活を始めた頃からは、やっぱり反省反省、反省に続く反省をしたわけです。だから普通の場合は、いつでも常に反省しながら自分を向上させていくことはやっぱり必要です。これでいいんだ、これでいいんだ、と自分でごまかしたんでは、これは何時の間にか落っこっちゃいます。

一番大事なことは、宗教が深くなって相当分かってきた時に油断が出ちゃうんです。ああこれでいいんだ、俺は随分偉くなった。端《はた》の奴から見ると……、ああ、あんな奴らは……、俺だけ偉い。五井先生の次に俺が偉いなんて、こう思ってしまうんです。こう思う時が一番危ない。そういう想いは我《が》でしょう。それは我《が》ですから、スーッて下がってくる。そうすると幽界の生物がサーッと摑むわけです。そうすると、ズーッと感応して入ってくる。それで俺は偉い、俺は偉い、ウー、アーとやっているうちに、知らない間にグーッと幽界へ引っぱり込まれてしまう、それで気が付かない。そうなるとその人は普通の、初めての新しい信者さんよりズーッと下になっちゃうんです。

そこで常に古い人は、余程反省しないと怖いと、私はそう思うんですよ。みんなに立てられますからね、立てられ始めたら怖い。だから段階があって、一つ上《のぼ》った時が危ない。まあ野球なんかでもスランプということがありますね。もう急に一つも打てなくなったりするでしょう。それで迷う。そういうことは宗教の世界にもたくさんあるんです。一つ段階を上ろうとする時には必ずスランプみたいに、何か迷いが生じたり、あるいは自分をかばったり、ごまかしたり何かするんです。

そこでごまかさないでしっかり反省して、すっかり裸になると、これが成功してまた上に行くんです。そうしてこう行く、あるいは螺旋形《らせんけい》にこう行く。上がったり下がったりして、また上がって行く。下がったように見えて上がって行く、というそういう形があるわけです。螺旋形に上《のぼ》って行く。

そうすると螺旋形の下に来た時は、ああ自分は駄目だと思う、これも困るんです。それで上がった時に、自分は凄い立派になったって思うと、これがまた落っこちちゃうんです。これは難しいですよ。だから立派に、より高い立場に立ったら、あるいは古くなった、もう大丈夫だと思う時に、もう一遍反省してみるんです。そうすると、もう一つ上に行きます。

私の経験からすれば、反省につぐ反省で今日になっている。今日になってもまだ反省していますよ。ああ、みんなに対する態度はこれでいいのかと、すべていつもいつも常に反省して、立派にしよう、より立派にしようと思っているんです。人間なんかどこまで行ってもきりがない。もう全然きりがないんです。

肉体を纏ったまま本体の力を出す

たとえば自分が守護神なら守護神の生まれ変わりとしますね。人類を救うために菩薩となって肉体に入ってきて、肉体の生活の波を被《かぶ》りますと、守護神が肉体の波を被らないで自由自在に働いていた時百パーセント力があったとしても、肉体の波を被るとそれが二十パーセントにも三十パーセントにも減ってしまうんです。何故かというと、私はよく言いますけれども、裸で泳げばスーッスーッと速く泳げるものが、着物を着て、その上に潜水服を着たならば動きは鈍くなると同じように、どんなに素晴らしい人でも肉体界の波を被るとズーッと力が弱るんです。

それを、習練し、習練し、肉体を持ったまま、肉体の生活の中にいながら、また元守護神であった力、菩薩であった力を、そのまま百パーセント発揮できたら、それは素晴らしい。もう大変なものですよ。そんな人は今までかつていないわけです。

釈迦にしてもイエスにしても、そこまでは力が出なかったんですよ。お釈迦様にしたって初めから菩薩です。イエスにしたって神の子、初めから天使です。ところが肉体に入って来ると、天使であった時の力、菩薩であった時の力、それが全部出ないんです。出れば、イエスだってはりつけになんかなりませんよ。予言を成就したかも知らないけども、はりつけになったことは、肉体としては失敗ですね。三十何歳で死んじゃうのは、あんまり、成功とは言えません。キリスト教の人はそれを褒《ほ》めるけれど、成功とは言えません。しかし、それは役目でそうなったんだけども。そうすると、それだけの力が全部出なかったわけです。それは無理もない、肉体の波動ってものは、それをたたき落とすものがあるからです。

だから私なら私がいたとする。そうすると五井先生という神界の存在、それは凄いんです、これがこう肉体の世界に入ってくる。肉体のいわゆる環境というものがある。家族も親もあるわけです。友達もある。親戚もある。みんなある。そういう波もある。それから人類というものの波がある。そういう波も全部被《かぶ》るわけです。そうすると、元のままの力が出やしないんですよ。それを脱皮し、脱皮してね、いろんな修行をし、いろんな反省をして、どんどんどんどん、だんだんだんだん本体に近くなってくる。本ものの、神そのものであった時の力がだんだんだんだん出てくるんです。だから五年前の五井先生とは違うんです。どんどんどんどん立派になる。立派になるって言うよりも、本体がどんどんどんどん現われてくる。

だから私はいつも自分は五十で、五十というのを機会にして、全部、五井先生の本体のそのままの力を肉体に現わしたいと思って、努力しているわけです。それがまあ、着々成功してます。自分から見ますと、だんだんだんだん広がってきています。

それと同じように、皆さんもそうなんです。皆さんの本体というのは、凄いんです。それはやっぱりみんな神々なんですから、神の裔《すえ》なんですから。かつては皆、菩薩であった人なんです。だから、それが出てないわけなんです。菩薩であった人が出ていない。たとえば伝教大師《でんぎょうだいし》であったかも知れない、法然であったかも知れない。あるいは日蓮であったかも知れない。まあいろんな人がいるわけです。そういうものの分霊になって来ているわけでしょう。それの力が出てないわけです、肉体を纏《まと》ってると。

それを、肉体を纏いながらも、その力を出すためにはどうしたらいいかと言うと、やっぱり絶え間ない消えてゆく姿で世界平和の祈りと言って、消えてゆく姿と平和の祈りを常に結びつけて、常にそれをしていると、そうするとまた、本もの、本体の力がそのまま出てくるわけです。それがそのままそれきりになれば、その本体の光がそのまま出てくる。百パーセント出てくるわけです。だから百パーセント本心の力を現わすようにしなければ駄目なんです。それを私をはじめ、皆さんも一生懸命やってるわけです。だからたゆみない錬磨と、たゆみない忍耐と、たゆみない努力と、たゆみない反省と、いろいろあるわけです。それで立派になる。

それを、ただ託《まか》せたから俺は何もしなくていい、ああ神様がやってくれる、ああ神様が何とかやってくださるとやっていたんでは、いいわけないんです。俺は一遍に立派になっちゃった。俺は神の座にいた。ああ俺は何したっていい、そんなことではない。そんな安易なものではないんです。たゆみなく、絶え間なく、この地球界の業想念は襲ってくるんだから、常に常に常に脱皮し、常に常に上がっていかなかったら、足を引っぱられて落っことされちゃう。そういう世界です、この世界は。ですからたゆみない努力が必要です。そして立派になってゆくんです。

（昭和41年6月）

（注7）斎藤秀雄氏。1933年より47年まで、満州大連に渡る。種々さまざまな職業を経て、53年、五井昌久先生につながり、〝祈りによる世界平和運動〟に挺身、東奔西走した。白光真宏会事務局長、副理事長を歴任。84年逝去。『霊験巡講記』『光のドーナツ（童話集）』などの著書がある。

無限に進歩する生き方

霊身そのものが本当の人間

――我はただ空即是色《くうそくぜしき》天地《あめつち》に世界平和の祈り声充つ――

私の作った歌ですが、その意味は、私たちは現われの世界だけのものではなくて、現われの世界を無しとした、空《くう》にした所から、本当の光から生まれて来ている人間なんだ。それで何をしに生まれてきたかというと、世界平和を成就するために、神の姿を現わすために生まれてきているんだ。だから「我はただ空即是色」空から生まれた光であって、世界平和の祈りの声がみちているそういう一人一人なのだ、ということなのですね。

ここに〝私〟というものがあります。普通〝私〟というと宗教的な考えのない人は五尺何寸かの肉体の我《われ》が自分だと思うのですが、本当の人間というもの〝我〟というものはそうではありません。肉体の我というものは小さな我であって、肉体という一つの場所であり、生命の現われなのです。本当の人間というのは肉体ではなくて、神のみ心そのもの、神のみ心の中から生まれて来ている霊身そのものが人間なのです。

その霊身の働きが地球界の働きに合わせるために、肉体という物質波動をまとってここに存在しているのです。ですから肉体の我というものは、現われているものであって実在ではない、ただ現われているに過ぎない、と悟った時に、本当の我、本心が現われてくるのです。

その本心が現われてくると、どういうことになるかというと、肉体の人間では出来得ない能力が現われてくる、智恵も力もすべての能力が現われてくるのです。悟った人というものは普通の人間では出来ない能力を発揮するわけです。天才などというのもそういう能力を持っています。

例えば音楽家のバッハとかベートーベン、モーツァルト、シューベルト、チャイコフスキーなどという人は、どういうようにしてあのような素晴しい音楽を作ることが出来たかというと、肉体の人間が頭の中で技術的にこね合わせて出来たのではなく、神界や霊界のひびきが肉体のベートーベンやバッハなどの中に伝わって来て、それが表われているわけです。ベートーベンならベートーベンが作曲するような場合に、曲想が浮んでくる時には、かたわらに友だちがいようと、今、友だちと話をしていようと、それをついと中断してしまって、何もかも忘れてそこを出てしまって、作曲のひびきに浸ってしまうのです。現象界のあらゆるものを忘れてしまうのです。それで神霊界のひびきだけに浸っている。というような形で、曲が出来たわけです。

霊身と肉身のギャップに苦悩した天才

ゴッホという天才の画家がいます。この人は或る時、気狂いのように自分の耳を切ってしまうのです。どうしてそのようになったかといいますと、肉体に天のひびきが流れて来て画想が浮んでくるわけですが、天のひびきと肉体の自分が合わない、天のひびきが強烈で合わないわけです。そうすると肉体がうんと苦しくなるのです。それで気狂いのようになって、どうしていいかわからなくなって、耳を切ったりしてしまうというわけです。けれど出来上がった作品は非常に素晴しい。肉体の人間がつくるというより、向こうよりかかせられているという状態です。そういうのを天才というわけです。

ところが私はそういう天才は嫌いなんです。作品の良し悪しは別ですよ、ベートーベンの作品はいいし、ゴッホのもいい。作品はいいけれども、そういう生活態度は嫌いなのです。といってもベートーベンやゴッホぐらいの天才ならいいですけれど、天才だと自分を勘違いする凡才がいるのです。奇嬌な行ないをして、常識外れなことをしていて、あたかも自分はベートーベンであり、ゴッホであるというような思い上がりをする場合があるのです。そこで普通の人は天才の真似をしてはいけないというんです。

本当の天才というのは滅多にいない。ザラに出れば天才ではないのです。天才といわれる人は人の迷惑を省みないから、私は嫌いだった。だから私は天才を願望するとか、天才を羨やむ気持ちはなかった。なかったんだけれども、私自身どうだったかというと、普通の人が出来ないこと私自身どうだったかというと、普通の人がわからない事がわかり、普通の人が出来ないことが出来たりするわけです。みんなの心がわかったり、未来がわかったり、過去世がわかったりいろいろするわけです。これは形でいえば天才なのですネ。ところが私の生活というのは常識そのものなんです。

私は子どもの頃ベートーベンの作品は好きで立派だと思いながらも、どうしても、心の中に何といいますか、承知しないものがあったのです。それは私の今日の役目がそうあらしめたのですけれども、常識外れな、人の迷惑を省みないというような生き方を、私はとても嫌うように生まれて来ているんです。けれど、私がこうなりはじめの何年間というものは、やっぱり気狂いと同じで、人の迷惑を省みるも省みないもなくて、自分自身がどうにもならない形で修行させられたわけですから、これはどうにもならない。しかし、本当に真理がわかって立ち直った時は、常識の人間そのものになり切ったわけです。天才などというカケラもなくて、当たり前の人間になり切ったわけです。とくにそうつとめたわけです。そして今日の私が出来上がったわけです。

当たり前で素晴らしい人づくり

私が目指している宗教の道というのは、常識外れの人間を作るのではなく、当たり前の常識のある日常生活をしながら、しかもその心の中、その行ないは常識をこえて、素晴しいひびきをたてている、普通の人の及びもつかない世界人類を救うという仕事をしている、そういうような人間にすべての人々を仕立てあげたい、と思って自分が見本を示しているのです。言葉だけでなく体で示している。

一人や二人の天才を作りあげるのではなくて、多くの人がいつの間にか今までの肉体人間の波動と異った霊波動、神霊波動のひびきをたてている人間、自分が気づこうと気づくまいと神霊波動のひびきをたてている人間に、自然になっていくという形、方法をつくり上げたわけです。それは何かというと、今、現われている出来事、あらゆる想い、あらゆる行ないは、過去世の因縁の消えてゆく姿ということなのです。

あらゆる過去世の因縁が現われては消えてゆく、いい想いも悪い想いもすべて消えてゆく。消えてゆくと何が現われるかというと、人間の本来の姿が現われてくるのです。

人間は本来神の分生命であり、みなベートーベンでありゴッホであり、釈尊でありイエスであるというように、あらゆる人々が神の御心の中に住んでいる神の子であるわけです。その神の子の現われる邪魔をするものは何かというと、過去世から習慣づけられている想いのひびきなんです。過去世から何回も肉体として生まれ変わっている想念波動が習慣になっていて、神のみ心をそのままこの地球界に現わす妨げをするわけです。例えていえば、壁に穴をあけたとします。穴はあいているけれどゴミがつまっている。すっかり空気なら空気が通るのを邪魔するわけです。そのゴミを払わなければならない。そのゴミは何かというと、過去世からの想念波動なのです。

微妙な速い神霊波動を粗いおそい肉体波動に合わせるために、速度をゆるめる。そのハンディキャップが業想念となって長い間たまり、今日に至っているわけです。それが想いのくせ、習慣となって、神の御心を素直にハッキリと現わすのを妨げているわけです。そこでお釈迦様は空になれ、すべての肉体の想いを捨てなければいけない、というのです。ところがなかなかそういうふうには出来ない。長い間の習慣の想いで、肉体が人間だと思っているから。

そこで私は、いいことも悪いことも、あらゆる想いもあらゆる出来事も、みんな過去世の因縁因果が現われて消えてゆく姿なのだ、と想いを放さした。消えてゆく姿ということは、業生は限りがあるもの、本当のものではないということです。神様の御心というのは永遠の生命であって、永遠の光であり、限度がない、無限の長さ、無限の広さ、無限の尊さなのです。業のほうは有限ですから必ず消えるわけです。ですから、消えてゆく姿だとたえず想っていれば、必ず消えてしまって、本当の自分、本心の我、空即是色の我がそこに現われてくるのです。そういう原理が私はわかったわけです。

自然に本《もと》が開く光の柱

さて、消えてゆく姿のその消えてゆくものはどこへやったらいいかというと、肉体人間では消せませんから、神様に消していただく、神の守護によって消していただく。人間には守護霊（先祖の悟った霊）守護神がついていて、いつでも守っていてくれるのですから、守護霊守護神を通して救世の大光明、いわゆる神様の救済のお光の中で消していただくわけです。

その大神様は一体どこにいらっしゃるか。ただ神様といっても掴みどころがない。しかし神様の御心はわかります。世界が完全になる、地上界に天国が出来る、全く平和になるということが神様の御心ですから、その地上天国を作る想いの中、世界人類が平和でありますように、と唱えることをもって、神様の御心とピッタリと一つになる運動をはじめたわけです。

〝世界人類が平和でありますように〟とこちらが思うと、大神様の理念、御心にピチッと合うわけです。神様の中は大光明です。太陽でさえも神様の一つの現われなのです。太陽が無限に集ったものが大神様の実体なのです。太陽は太陽系の唯一の恒星ですが、銀河系宇宙の中の一つの小さな星にすぎないのです。この宇宙には太陽より大きい輝く星が無数にある。そして一つの銀河系宇宙をつくり、その銀河系宇宙が十二集ってまた大きな宇宙となり、その大きな宇宙が十二集ってまた大きな宇宙を構成しているのですから、どれだけ大きいかわからないような厖大なのが神のお姿なんです。

そういう大きな神様の大光明の中に入る唯一の方法は、神様と同じ波長を出すことです。同じ波長を出さなければ大神様の御心の中に入ることは出来ない。同じ波長を出すというのはどういうことかというと、大神様が思っていらっしゃることと同じことを思わなければならない。どういうことを思っていらっしゃるかというと、大宇宙の調和、これを理念として持っていらっしゃるのです。現在はその大理念が現われ切る過程にあるのです。

今は、地球の大調和の番なのです。そこで、地球人類のほうから大調和を願う祈り〝世界人類が平和でありますように〟というひびきを出しますと、大神様の御心にピタリと合い、大調和があらわれるのをスムーズにさせるのです。しかも私たちの教えには、守護霊守護神を通してという教えがありますネ、守護霊さん守護神さん有難うございます、という感謝の気持ちをもちながら〝世界人類が平和でありますように〟と願う。そうすると守護霊守護神がうまく波長を合わせてくれるのです。

〝世界人類が平和でありますように〟というあの一連の祈り言をしますと、祈った人はそのまま神様の御心の中に入っていく。そうすると神の御心、大光明の中で、過去世からまとってきた業因縁が消えていく姿となって消されてしまうのです。そして自分の本心がそのまま開き、本体が開いて、汚れがなくなってくるのです。ところが過去世の因縁というのは、なかなか深いものですから、一遍や二遍、或いは二年や三年や五年やって、全部なくなるというわけではありません。しかし、祈りつづけ、消えてゆく姿と思いつづけていると、業因縁、くせの想いは有限なのですから、しまいになくなってしまうのです。残るものは何かというと、神の御心であり、神の子である自分の本体が光り輝いているのです。

人類は無限に進歩してゆく

業想念というものは本来あるものではありません。有限のものであり、肉体が現われてから出来たものなのだから、神様の御心の中に入りつづけていれば、必ず消えてしまうのです。生命エネルギーがそのまま真直ぐに働いてくるのです。神の子人間としての姿がそのまま現われていくわけです。そして、地球界より一段階昇華するのです。止まることなく昇華してゆくのです。私たちは宇宙人の存在を認めています。というより、常に交流していますから、肉体人間がここにいるというより、ハッキリとしているのですね、この宇宙人といっている人類は素晴しい神霊と同じなのです。そういう世界があるのですけれど、その素晴しい神の世界でさえも、もっともっと進化向上してゆくのです。無限に進歩してゆくのです。

地球界はまだそこまでいかないけれど、これから地球界は一変してゆきます。上空には常に軍事衛星がとび、ボタン一つ押せば地球を破滅させるに十二分な原水爆が出来て、二つの世界が冷たく対峙《たいじ》して、いつどうなるかわからない最後の段階に来ています。末法の世になって改めて、七劫《ななこう》が始まっているわけです。七というのは完全を意味しますから、七劫で完成するわけです。そうすると他の先輩星と同じような人類に昇格するのです。今はそういう時代なのです。

業想念というものは必ず消えるのです。消えてゆく姿で世界平和の祈りをつづけていれば、どんな人でも、どんなに業が深かろうと、厚かろうと、必ず業想念はなくなってしまうんです。ただし、早くなくなる人と遅くなくなる人とがあります。それが過去世の因縁で違うんです。違いますけれど、どんなに遅くなってもやがてはなくなってしまうのです。どうせ罪悪深重の凡夫なんだ、いくらどうやったって悟れないんだ、ダメな人間なんだというだけではいけません。人間は罪悪深重の凡夫、それも結構です。本当なのですから。業が深くて、よいことより悪いことのほうが多いように見える、そういう苦の娑婆《しゃば》です。しかし、それはあくまで消えてゆく姿です。浄土門的にいえば、阿弥陀様の中にそのまま持っていってしまって、阿弥陀様の光をあらためて頂き直しさえすれば、やがてはみんな阿弥陀様の子になるし、神の子になってしまうのです。業想念はなくなるに決まっている。

ですからそういうことを改めて思い直して、消えてゆく姿で世界人類が平和でありますように、とやっていさえすれば、必ず自分は立派になるに決まっているという確信をさらに深めて、皆さん生活して頂きたいと思います。

第3章

あなたも免許皆伝

すべては自分の磨きのため

霊身と肉身とが調和するために

人間は本来は神の分霊であり、完全円満な神様、全智全能の神様から分けられたものだから本来、完全円満なのです。完全円満な自由自在な霊の働きなのだけれども、肉体という粗い波動の中に入りますと、どうしてもスピードが遅くなり愚鈍になってくる。そこで不完全な業というものが出てくる。

ですから肉体身として生まれた時に、キリスト教的には原罪、仏教的にいえば業というものが起こる。その業が邪魔をして、完全円満な人間の姿がそのまま現われないで、今日まできている。

その業が（私は業想念といいますが）輪廻《りんね》して、何遍も生まれかわり死にかわりしつつ、その業を取りながら霊身の自分と肉体の自分が調和するために、肉体の生活のあらゆる経験を積んで、肉体にありながらも神霊の世界そのままの自由自在の行ないが出来るようになる。そういう修業のためにいろんな出来事が起こってくるわけです。

飲みものを作るんでもなんでも、入れて混ぜます。いろんなものをミックスして混ぜる。少しかき混ぜているうちはうまくないけれど、ちゃんとかき混ぜるとおいしいものになるというように、まだ業がよどんでいるわけです。その業想念波動というものをすっかり浄め去って、肉体にいながらも本心の世界、霊の世界の自由自在性が現われるためにいろいろ修業する。

それがある時にはその中の生命力で、この業が邪魔なものだから、それを押し出そうとして病気のような形に現われる。或いは不幸災難のような形に現われて消えてゆく姿になっていく。過去世から今日に至るまでの誤っていた想いや行ないが消えてゆくために起こる姿であり、消してくれるものはなにかというと中の本心であり、守護霊守護神さんなのです。消えるに従って本心が現われる。本心というのは神様の世界の霊の心です。本心が現われるに従っていろいろと消えてゆく姿も現われてくる。それを常に常に消えてゆく姿と思って、あらゆる病気や不幸災難をみていますと、やがて消えてゆく姿がなくなってくるんです。

すべては光の中で消えてゆく

そこで消えてゆく姿をどこへ消したらいいかというと、お祈りの中へ消しなさい、というわけ。お祈りもただ自分が幸せになりますようにというだけの小さな祈りではいけないから、大きく地球世界、宇宙すべてが平和になりますように、大きな意味でみんなが完全円満に調和した世界になりますように、というんで世界人類が平和でありますように、と祈るわけです。その他に日本の平和も祈ります。私たちの天命が完うされますようにと自分たちのことも祈る。

そうやって常に業想念の誤った波動が現われてくる毎に、それを消えてゆく姿として平和の祈りを祈る。そしてその中でもって自分が昇華されていく。きれいに浄まっていくわけです。そうすると、これは他力でありながら自力、自力であって他力というように、自分で自分の想いを神様のみ心の中の世界平和の祈りの中へ入れてしまう。入れてしまうに従って神様の完全円満な大光明波動がこの肉体の中へ入ってくる。

自分の中の過去世からの業というものを持ったままで、例えば嫌な奴があったら、こん畜生、あんな奴ぶんなぐってやりたい、ああしかしそうじゃないんだ、あの人は過去世においてなんかしら私があの人のために悪いことをしたので、そのお返しで向こうで悪いことをするんだ。ああこれで消えてゆく姿なのだナ、というふうに思って、世界人類が平和でありますように、あの人の天命が完うされますように、とこうやって祈りに入れます。

そうすると、そこでプラスマイナスがゼロになって、残るものは何かというと、みんなが幸せでありますようにという愛の心が残る。愛の心は光明心ですから光明だけが残ってくる。

だから悪いこと、病気なら病気が出てくると、ああこれでウミになって出ていって痛みになって出ていって、熱になって出ていって、これで私はきれいになるんだナと、それで平和の祈りを祈る。そうすると痛みや苦しみはあるけれども、それはそのまま平和の祈りの中で消されていく。それでやがては痛みも苦しみもなくなっていきます。たとえ痛みや苦しみがなくなってあの世へ行ったとしても、その魂はもう苦しみを解脱して、きれいな良い世界へいくわけです。

それを苦しみを持ったままで、病気を持ったままで、私は病気でなんと不幸な人間だろう。私はなにも悪いことしないのにこんなに苦しんでって、自分に愚痴をいうような恨みごとを思うような想いならば苦しみは続くし、またあの世へいったとしても、苦しみを持ったまま、汚れたままでいくわけです。

だからあらゆる汚れというものをこの世の肉体と共に、肉体が灰になると共に置いていかなくちゃいけないわけです。

それをどこへ置いていくかというと、平和の祈りの中で、神様の大光明の中で、もとの光のなかで消してもらう。世界人類が平和でありますように、日本が平和でありますように、私たちの天命が完うされますように、守護霊さん守護神さん有難うございます、というこの祈り言がエスカレーター、エレベーターになって、神様の世界へ自分を運んでくれるのです。

置かれた場から逃げてはいけない

それを日々瞬々刻々やっていますと、いつのまにか神様の世界の光だけが自分の中へ入っていって、いいかえれば、潜在意識の中へどんどん入っていって潜在意識がきれいに浄まっちゃう。と同時に表面の心もやがて浄まってくる。そうすると知らないまに業の少ないきれいな心の自分になってくるわけです。従って運命も良くなってくる。

ところが今までの宗教はそういうふうに人を赦さない。私の教えには自分を赦し人を赦し、自分を愛し人を愛し、と常に自分というものが入っているんですね。自分がなくてこの世は成り立つわけがないんです。自分がなきゃこの世の中などないんだから。やっぱりなんといっても一番大事なのは己です。自分が大事でなくて、自分はいらないんだ、人のためだけだ、なんてそんなことはありません。人のために尽くすのでも自分が徳を積みたい。自分の徳というものを積みたいためにやるんであって、それは表面的に思わなくても潜在的には徳を積みたいと思っている。だからいつも常に自分というものはあるわけです。いいことをしようと悪いことをしようと自分があるわけです。

ただ悪いことをして自分のためにするんじゃなくて、いいことのために自分を尽くさせたほうがいい。自分が尽くしたほうがいい。それは永遠の生命が生きますから。そこでまず一番先に自分というものを立派にしなければならないわけです。

そこで自分が身に受けるあらゆるもの、自分の環境に起こってくるいろいろな事柄を受け止めなけりゃ駄目です。逃げたら駄目です。自分はここにいるのが嫌だから逃げちゃおう、といって他へ行ったたって自分のなかに業がある限りは、自分の宿命としてあるもの、或いは過去世の因縁としてあるものは、逃げても逃げても追いかけてきます。それをきれいに浄めない限りは追いかけてくるわけです。

例えば結婚がいやだと思っても、旦那さんがいやだからといって離縁しても、まだその業を果たしていないうちに逃げたって、また結婚すればまた不幸なものがくる。どこかへ勤めていて、まだ業が消えないうち、修業が足りないうちにそこを逃げ出せば、また勤めたところは悪い。何べんでも勤め替えさなければいけなくなる。だからそういうふうに逃げてはいけない。

これぞ光明思想の生き方

あらゆる環境で、あらゆる悪いもの、自分の心に染まないもの、自分の感情を乱すもの、そういうものはすべて過去世の因縁が消えていく姿。もう絶対にそう思うんです。そう思って否定しきってしまうわけです。自分の悪いことを、自分に起こってくる悪いものを悪いとみないわけです。過去にあった悪いことが今現われて消えてゆく姿。これが大事なのです。

今悪いことをしているんじゃないんです。今悪い事態が起こっているんじゃないんです。それは過去世において起こるべきものが、時代を経て今生の自分として現われて、それで消えてゆくんだ。だから自分が悪いんでも、その人が悪いんでもない。あらゆる環境というものは、自分の過去世の因縁を消すために、あらゆる環境におかれるのであって、今の自分が作っているんじゃないんです。

今の自分は一生懸命いいことばかりしている。ところが報いられてくるものは悪いことばかりということがありますよね。一生懸命信仰をやって、一生懸命いい行ないをしているんだけれども、自分に現われてくるものは悪い環境であり、悪いことばかりだという人もあります。そうすると不合理でしょう、これは。ところが実は不合理ではない。

今その人はいいことをしているかもしれないけれども、過去世においてはいろんな悪いことをしている。その悪いことが現われてきて、いいことをすればするほど早く消えてゆく。だからどんどんいいことをすればするほど悪いことが起こってきて、消えてゆく姿になることが随分ある。

それを私はこんなにいいことをしているのにどうしてこんな悪いことが起こるのだろう、と思ったらその人はまだ駄目なのですよ。これは宗教の宗の字も知らないわけです。今生において現われてくることというのは必ず自分に原因があるのに決まっている。いいこと、いい報いがきてもそれは自分に原因がある。ただそれは今の自分ではなくして過去世の前生、前前生……ずうっと過去世からのためている蓄積がある。いいことの貯金があればそれはいいこととして現われてくる。借金がいっぱいあれば今度は返さなきゃならないから借金の責め立てをくう、というようにどうしても今現われてきたものは必ず自分が行なったことなのです。ただし過去世において行なったことで現在の自分ではない。

だからああこの悪いことは過去世の因縁が消えてゆく姿だナ、私がいいことをすればするほど、早く消えてゆくんだナ、早く消えてゆくに従って自分の本心が開き自分の運命が良くなっていくんだナ。そういうように思えばいいわけ。

八十や九十の老齢になってまだ消えないとします。これは全部今生で消してしまって、あの世へいってきれいなところへいこう、とそこまで考えるわけね。だからあらゆる出来事が消えてゆく姿なのですよ。

本当に消えない実在というものは何かというと、光明燦然たる神様のみ心だけ。大調和しているみ心だけは消えないんです。本当はきれいな絵、大調和の絵が画いてあるのにいろんなものをくっつけて不調和にしてしまい、それでこれが自分だ、これが自分だとやっている。

そこで覚者《かくしゃ》たちは、お釈迦さまは空になれっていったし、キリストさんは全託しろというし、老子さんは無為にして為せと、自分が小智才覚《しょうちさいかく》であしなきゃ損だ、こうすれば得だというような、そういうような想いでいちいち動かないで、そのままの心、神様のみ心のままにスーっと生きなさい、とこういうわけです。

ところが、そういわれても神のみ心がどういうみ心だかわからない。一口にいうならば神のみ心というのは愛の行ない、思いやりの心、調和する心、それが神のみ心ですね。美の心も勇気というのもみんな神のみ心です。そういうものを損なうものはみんな業です。

臆病も、愛の不足も、思いやり不足も、自分勝手も、嫉妬心も、美を感じない心もみんな業なんです。愛を損なう想い、美を損なう想い、寛容の美徳を損なう想い、勇気を損なう想い、そういうものはみんな業なわけです。

すべてのものに感謝できる心

世の中には自分はなんにも悪いことをしたことがないから神様にお願いすることも、掌を合わせることもないというような馬鹿なことをいう人がある。なんにも悪いことをしないなんていう人がこの世の中にあるわけがない。なぜならばこの世界を歩くだけでも虫を踏みつぶしている。虫を踏みつぶす権利は人間にはありません。だけれども虫を踏みつぶしている。あらゆるものを食べている。動物を殺し魚を殺して食べている。人間はあらゆるものの犠牲の上に成り立っているんですよ。

しかしそれも〝ああこの魚によって私は生かされて有難うございます。この肉によって生かされて有難うございます。この野菜によって生かされて有難うございます。ああ天地の恩恵が有り難いナ〟と、そういうように有難うございますって感謝して食べれば生きてくる。

ところがなんだこんなのまずい、なんでえ、なんていいながら食べている。ちっとも感謝しないで食べていれば、これは殺していることになるわけです。悪いことしていること になる。あらゆることに感謝して生きられて、しかも日常茶飯事いいことしていれば本当に悪いことしていない。けれどそういう人は滅多にあるものじゃなくて、またそういう人は謙虚ですから、私はなんにも悪いことしないなんて威張りはしません。ああ私は足りないもの、至らないものでますます勉強しなければなりませんとか、立派な人はそういうように思うんですよ。

立派でない人に限って私はなにも悪いことしていない、俺の生き方でなにが恥じることがあるかなんてやっている。だからそういう心はもうすでに恥じているわけです。

なぜかというと、人間の生命というのは神様から頂いたんですね。神様の分生命です。

自分で自分を創った人はありませんよ。ドロドローンって自分が現われてきやしないんだから。ちゃんとお父さんとかお母さんとか、天地の恩恵をうけて地上界に現われてくる。自分で育てて自分が大きくなると思ったって大きくならない。身の丈一尺を加えんや、です。

自然に伸びていく。その肉体を伸ばし肉体を成長させるもとは生命です。それはどこからきているかというと、神様からきているに違いない。神様といいたくなかったら大生命でもいい、大自然でもいい。神様といいたい人は神様で勿論結構なんだし、神様といいたくなかったら大生命さん、大自然さん、あああの恩恵によって生かされているんだナ、有り難いナ、とそれに感謝するのが当たり前でしょう。

その感謝もしないで、自分が悪いことしないなんて威張っている奴は馬鹿なんです。なぜかというと、自分を知らないからです。

すべては自分のために神様がしてくださっている

そこで守護霊さん守護神さんは、自分の子どもたちであるこの肉体の人間をなんとかして本当の人間にしよう、神の子と業が混ざっているような人間じゃなくて、神の子そのままの人間にしようと思っていろんな修業をさせるわけです。

今現在自分たちのところに起こっている悪い環境があるならば、それは過去世の因縁をきれいにして、魂を立派にさせようとして守護霊さん守護神さんがやっていらっしゃるんだ、とそう思わなきゃあいけませんね。

そうやっているうちに自然に立派になる。なんの苦労もない人には大した修業がないかわりに立派にもなりません。苦労した人がみな立派になる。だからといってわざわざ苦労を求める必要はないけれども、もし苦労がきたり厭なことがあった場合には、ちょっとした痛みであっても、ああこれは業が消えてゆくんだナ、私の本心はこれによって開くんだナ、私はこれで立派になるんだナ、そういうふうに思うことですね。それであらゆるものに感謝すること。これが宗教の一番の根本でありまして、霊光をみた、観音様をみた、何を見た、なんて、そんなのは枝葉末節《しようまっせつ》のことです。

自分が明るく素直に正しく生きられる。神様はじめすべてのものに感謝して生きられるという、そういう状態に心がなっていくことが一番上等なことなのです。お陰があって儲かった、病気が治った、どうかしたって、それも有り難いに違いないが、それだけのことは一つの事柄です。そういうことではなく、根本的になにがあろうとも、どんな悪いことがあろうと、みんな自分のために神様がしてくださるんだナ、守護霊守護神さんが、自分のために自分を愛してくださってこういう状態に現わしてくださるんだナ、有難うございます。そういうふうに何事にも感謝できるようになれば、これはもう本当に一人前でこれほど立派な宗教者はないんです。

人をも自分をも責めない生き方

そういうふうになるように私は消えてゆく姿で平和の祈りを教えているんだし、自分を愛し人を愛し、自分を赦し人を赦し、と自分を責めるなんていっていません。人を責めるともいっていません。自分をあんまり責めすぎる人、自分をあんまりいじめる人はやっぱりその目で人をみますね。あんまり正しくなんにも悪いことしなかったと思うような人は、人がちょっと悪いことをしても、あれはなんとか、あれは……って、すぐ人を責める気持ちが起こる。人を責める心は地獄の想いです。

もしそういう心が起こったら、ああこれはしまった、ごめんなさい、消えてゆく姿を出して済みません、ごめんなさい。向こうの守護霊さんごめんなさい、私の守護霊さんごめんなさいって、すぐ謝ってしまえばいいんです。そうすると消えます。それを、人の悪口をいったり悪いことをしちゃいますね、それで、いやあれは仕方がない、あっちが悪いんだから仕方がないよ、俺は仕方がないんだ、ってやったら駄目です。そうやったらますます自分が駄目になります。

もう、すぐ反省して、向こうがどんなに悪くても、たとえ向こうが悪いことをこっちへしてきても、憎む心を出したら（相手を憎むということは自分の心が汚れることです）相手を憎んだら、ああごめんなさい、神様すみません、これからそういう心を起こしません、と謝るんです。

なんべんでもやります、それは人間に業がありますから。因縁の悪い人もありますから、この世の中には顔をみるだけでも憎らしい人もあるんです。それは前の世でさんざんいじめられたりなんかしていると、顔みるだけでも憎らしいことがあります。しかし、それさえも消えてゆく姿、すべては消えてゆく姿で、憎らしいと思ったら、ああこれは消えてゆく姿だ、ごめんなさい、ってやる。

極意は〝すっきりした心〟

神様のみ名においてはみんな兄弟姉妹なのだから、みんな手を取りあって仲良くやらなければいけない。ああこの恨み心は自分の業だ、ああこれは消えてゆく姿だナ、とそういうふうに自分の守護霊さんに謝り、相手の守護霊さんに謝り、それでスーっとすっきりした心にならなければいけない。いつも青空のようなきれいな、澄みとおった心でいなけりゃ人間は損なのですよ。なにかちょこちょこしたものがあればあるだけ損です。いつもすっきりした心になる。それが宗教の極意です。他に宗教の極意なんかありません。

祈ったらおかげがあった、儲かった、それは枝葉のことで、自分の心が立派になって病気が治り、自分の心が立派になってお金が儲かる、これは本当に結構なことです。だけれども自分の心が汚れているのにお金が儲かったってそれは結構なことではないのです。それは必ず返さなければならなくなる。因縁の世界だからね。だから因縁の世界を超越しなければならない。因縁の世界を超越するためにはどうしたらよいかというと、やっぱり消えてゆく姿に徹底して、平和の祈りに徹底して、あらゆるものに感謝し、あらゆるものに祈りを捧げる。そういう気持ちになれば、その人は立派に生きられることになるんです。

あなたも免許皆伝

想いが運命を作っている

「光に住して光に把われず
空に住して空に把われず
業に住して業に把われない」

ということについてお話してゆきましょう。

この世の中というのは想いで出来ています。その想いはどこから来るかといいますと、はじめ大生命があって、その生命が分かれて小生命となり、人間になっている。そのいのちのエネルギーを土台にして想いが出来ている。ところがいのちのエネルギーを土台にはするけれど、命の本筋をいかないで、本筋からはなれてしまって、肉体という一つの場に片寄ってしまった。そして肉体だけの平和とか、肉体だけの安心とか、肉体だけの富とか、そういうものばかり考えて、把われてしまった。それでだんだん業想念が出て来たわけです。

想いというものがこの肉体世界の運命を作っているのですから、想いを一番の本筋である神様のみ心に返してしまえば、いつもみ心の中に入れていれば、真直ぐ生命の理念が現われてくるわけです。神様のみ心が現われてくるわけです。

ところが想いを神様のみ心の中に入れてしまう、というのがなかなかむずかしい。そこで祈り言というものが各宗教宗派で編み出されて、南無妙法蓮華経もあれば、南無阿弥陀仏もあれば、南無喝囉怛那《カラタンノウ》、哆囉夜耶《トラヤヤ》もあれば、アーメンもあり、その他いろいろとあるわけです。その宗教宗派の祈り言葉、あるいはその形式に把われてしまって、本当は大きい広いひびきであるべきものが、固まった一つの波の中に入りこんでしまった。

南無妙法蓮華経でなければいけない、南無阿弥陀仏でなければいけない、いや、南無カラタンノー……でなければいけない、というように把われる。把われるとその中で生活するから小さい人間になってしまう。

中近東や東南アジアでは、宗教的カルマというのが特に強く、回教とヒンズー教、回教とユダヤ教との間によく争いが起こります。イスラエルとアラブとの紛争も宗教の争いが一番の根源ですからね。みなお互いに自分の宗教の道を進んでゆくので、狭い範疇《はんちゅう》で考えて神様のほうへいかないんです。すべてがつながっている、大きな広い広い立場の神様のみ心ではなくて、何々教という中の狭い範疇に入ってしまうものだから、お互いが対立してしまう。

そういう対立するような、ある把われが出来るような教えというものは、神様のものではないのです。神様の名前とか宗教というものは、本当の命を知らせるために、あれが月である、というように出された指であるけれど、指であって〝そのもの〟ではないわけです。

神様のみ心はどういうことかというと、人間というものはみな神様の分生命であって、互いに兄弟姉妹である。そしてみな使命をもっていて、お互いに手を取り合って神の理念を現わしてゆくものだ、ということになっています。ですからそういう調和を破る教えがあったらば、調和を破っただけそれは把われになるわけです。

光に住して把われない

そこで冒頭の言葉の説明に入るわけですが、或る人が神様のみ心を知って光の中に入っている、とします。その人は昼間は会社で勤めている。夜、家へ帰って来て、あるいは日曜日は統一ばかりしていて、子どもが話しかけてきても、妻が話しかけてきても、また何か用をいってきても、そんなの全然相手にもしない。お祈りばかりしている。そういう生活を続けていたとすれば、家族とも仲が悪くなりますし、調和した家庭とはなりませんでしょう。それは光に住して光に把われてしまっているわけです。

また空になっている。歩いていて知人に会って話しかけられた。「ヤァーなになにさん、今日は」「………」「ご機嫌いかが」「………」何も答えない。昔、私は修行中はそうやったことがありました。これではやはり世間を渡っていかれません。空に住して空に把われてしまっている状態です。そういう生き方では、せっかく神様の中に入っていても、かえってこの世にとってマイナスになります。

よく宗教をやっている人で、自分の悟りというものを目の前にぶらさげて、オレは悟っている。みんなわからない奴だ。馬鹿な奴だ、と思って生活している人がよくいます。ところが、九〇パーセント馬鹿な奴がこの世にいるんですから利巧な一〇パーセントの人は置き去りになってしまうわけです。九〇パーセントの人たちから見れば一〇パーセントの人たちは馬鹿な奴なんだし、一〇パーセントの人たちから見れば九〇パーセントの人たちが馬鹿な奴となる。どっちが馬鹿かわからない。それは両方ともバカなんです（笑）。

悟りの道といったって、自分だけが光に入っちゃって、他を相手にしない、誰とも口をきかない、ということではこの地球世界では生きられないわけだし、人々を教化していけない。本当の偉い人というのは、自分は光に入り、空の境地も体験していながら、迷っている、つまらないことをいっている人たちともおつきあいし、相手にし、相手の中に入りながら、しかもだんだん相手を引き上げてゆくのです。

引き上げるといったって、自分が教育してやろうとか、自分が浄めてやろうとか、自分が自分が……というのではなくて、自分が相手の中に入って、相手の立場にたっていると、自然に相手の人がその人格に感化され、知らない間に心がきれいになってゆく、ということになるのです。そういう人間になればいいわけでしょう。そうなるためには、自分が光の中に入った経験もある。空になった経験もある。それでしかも業に把われないで、業の中で生活している人と一緒になって生きてゆく。和して同ぜずですね。それが把われがないことなんです。そういう人間にならなければダメだと私は思っているし、自分もそのように実行しているわけです。

思いやりの大切さ

自分の宗教だけがいいんだ、いいんだと押しつけてはだめです。例えば奥さんが世界平和の祈りをやっているとする。旦那さんはやっていない。旦那さんが家に帰ると、これみよがしに「世界人類が………」と奥さんがやる。「チェッうるせいナ、なんだい」「あなたなんかわからないの、あなたダメね。あなたは低いの。私は偉いのよ」といったり態度に現わしたりしたら、旦那さんは絶対に世界平和の祈りをしない。「このバカヤロー、変な所へ行きやがって、鼻もちならない」と思われます。そういうことではなくて、世界平和の祈りをやったとすれば、心の中で祈りながら、いつも静かに旦那さんのいうことを聞き、祈れば祈るほど態度が柔らかくなり、愛情が出て来て、旦那さんや子どもたちにサービス出来るようになる。そうなれば家族は自然にこちらに向いてくるのです。

頭ごなしに自分は偉い、お前は馬鹿だ、とやったら誰も入りません。それは光に住して光に把われ、教えに住して教えに把われているわけです。教えはいいんだから、それを行ないに現わさなければいけない。言葉でいうより体で示せ、と白光日めくりにあります。言葉より行ないなんだと、私は常にそう思っていますと、行ないに現わしていますと、宗教が生きてくる。生きた宗教にしなければだめです。

宗教に入っている人にはいやな癖があるんです。自分たちだけがわかって、ほかの人にわからない。なんとなく変な感じがする。そういう感じを人に持たせてはいけません。なんとなく温かくて、柔らかくて、なんていい感じの奥さんだろう、旦那さまだろう、という感じを誰にでも与えなければいけませんね。そうすれば、言葉でいわなくたって自然にみんな親しんでくるわけです。そうなればその人は立派に宗教生活をしている人なんです。言葉でいくらうまいことをいったって、行ないで人を厭がらせていたら、その人は宗教以前の人。

よくお話ししますけれど、夕飯の支度の忙しい時に訪ねていって「うちの宗教はいい宗教で、これこれ………」としゃべり始める。訪ねられた人はこれから台所の準備をしなければならない時ですから、お尻が浮いていて、お勝手のほうにばかり気がいっているのに、捕まえてしまって、一時間でも二時間でもしゃべって教えを強要する人がいます。そうすると面倒くさくなってその宗教に入るかもしれませんよ。しかしいい気持ちで入っていません。面倒だから、うるさいからと思いながら入っている。そんな信者をいくらたくさん入れたってしょうがない。人の気持ちを悪くさせながら、宗教入りをすすめたって、そんなものはなんにもならないし、そういう入れ方はよくありません。相手の立場を考えられないような心が宗教精神ではないんです。

愛情、思いやり、これは宗教精神の根本です。思いやりのない、相手の立場を考えないで自分のノルマだけを果たせばいい、というような生き方は宗教精神に反します。光に把われ、空に把われ、教えに把われていますと、宗教精神がどこかへ行ってしまう。人には強要しないで、人格として相手を包む、そういう人間になることを私は望んでいるわけです。

消えてゆく姿の効用

世界人類が平和でありますように、という言葉に反感をもつ人は誰もありません。ああいいお言葉ですね、と思います。それにうちには消えてゆく姿という教えがあります。お前の心が悪いからお前の子どもが病気になるんだ、お前が夫に尽くさないからお前の家はダメなんだ、とか相談すればすぐ責められる。宗教というのは大体そうですね。うちはそうではなくて、人間というのは魂は光り輝く世界に住んでいても、肉体の世界というのは業生ですから、なんかしら間違いはあるんです。完全ではなく不完全なのです。罪悪《ざいあく》深重《じんじゅう》の凡夫《ぼんぷ》と親鸞《しんらん》がいっているように、悪いことと善いことと半分半分ぐらいある。それをいちいちつかれてはたまりません。生きちゃいかれません。もし間違ったことがあったと自分で想うならば、あるいは厭なことを人にされたと思うならば、そこで消えてゆく姿で世界平和の祈りの中へ入れてしまうんです。

お前が悪いんでもない。あいつが悪いんでもない、どこが悪いんでもない。過去世から今日までの、神のいのちの本源からはずれたそういう生き方が悪い想いになって、自分の潜在意識に溜まったり、人の潜在意識にたまったり、世界人類の意識にたまって、地球を覆っている。それが現われて消えてゆくのです。誰が悪いんでもない、みんな消えてゆく姿なんだ――と世界平和の祈りの中へ、自分の業も人の業も、地球人類の業も消えてゆく姿として〝世界人類が平和でありますように、どうかみんなの天命が完うされますように〟と祈りの中へ入れてゆくのです。

そうしますと、誰も責めることはない。自分も責められることもない。神様のみ心がそこに現われるように、スカッと神様が現われられるような光の柱がそこに立つわけです。神様のほうでは「みんなが幸せであれ」と願っている。こちらは「どうか人類が幸せでありますように」と祈っている。神様のみ心と人間の心が一つになっています。大愛の心、大生命の理念が地球に現われるように、一日も早くなるように、と私たちは一生懸命やっているわけですね。

自分も責めない。人も責めない。みんな本心は神の子だから、その神の子の自分を愛し、神の子の人を愛し、それで現われて来たことは責めるのではなく、みんな消えてゆく姿として祈りの中で消していただく。そうやって生きてゆくのですから、こんなにやさしい、こんなに有り難い教えはないと思うのです。

私は、この教えを説いた人は偉い人だと思っているんですよ(笑)。それはこの肉の身の五井昌久が説いたわけじゃない。ここに来ている神様が説かせるわけです。私は説かされただけ。皆さんはそれを行じるわけですね。だから説いた私も行じる皆さんも同格です。

講師の先生方が消えてゆく姿を説いているのを聞いていて、どなたが説いたか知らないけれど(笑)いい教えだナ(笑)――と聞いてたんです私は。私も一生懸命やっているんです。自分で説いていながら聞かされているんですよ。教祖とか創立者というものは、自分で教えを創って自分で説くのではないのです。神様のみ心が伝わって来て、この肉体は器になって説くのですよ。だから自分自身も教わっているんですよ。教わりながら行じているのです。自分も行じなければ何もならない。

ここ五、六年、痰があって肉体的には眠る時間も殆んどありません。しかしちっとも恐怖心もなければ、不平も不満もありません。「先生みたいにいいことをなさって、それでそんなにお苦しみになって……」と人がいってくれます。私は一つも苦しんじゃいない。息がつまるようなのがきても苦しいとは思わない。不平も不満もなんにも起こらない。恐怖も起こらない。〝ああこれで地球が浄まるんだナー有り難いな〟と思っています。神様の教えを自分で行じています。

私は本来丈夫でした。子どもの時は弱かったけれど、ズーッと病気などしたことがない。ここ五、六年病気のような状態が現われているでしょう。そうすると、ああ病気の人はこのところで参っちゃうんだナ。ハハー、ここをこうやればいいんじゃないか、と再確認したわけです。

痛みとか苦しみがありますね。そういう時、やっぱり神様有難うございます、と思うことです。アッこれも神様がなんか私のために、私によかれと思ってこうなさってくださるんだナ、とそう思うんですよ。神様は愛なんだ。私にいいことをさせるために、私をよくするためにこうやってこの痛みを与えてくださるんだナ、この苦しみがあるんだナ、と思うと、有り難いなというように変わります。そうすると恐怖もなくなれば、大変だ！　という想いもなくなります。不平も不満もなくなります。私は過去世からズーッとそういう修練をしていますから、いちいちそんなことを思わないで出来るけれどね。

悟りは〝有難うございます〟

一遍には出来ないと思う。だから再びいいますが「神様は愛なんだから、決してわれわれに悪いことをするわけがない。この痛みもこの苦しみも、この窮乏《きゅうぼう》も、みんな神様が自分を立派にするためにやってくださるんだナ、有難うございます」とそう想う練習をするんです。私は自分の体験として本当にそうですから、私が道を開いてから二十五、六年になります。いろいろなことがありました。しかし、みんな禍が転じて福となっています。私としては少しの恨みもないから、有り難いなと思うだけです。神様有難うございます、という祈り心がもう心の中に充満している人間になれば、その人は幸せな人ですよ。それが悟りなのです。

悟りの中には不平がありません。みんな有り難いな、なんでもかでも有り難いな、だけになる。神様の姿を見たから悟り、パーッと空になったから悟り。悟りとはそんなのではないんです。何をされても、どういうことが出てきても神様有難うございます。有り難いナーという心が湧いてくることが悟りなのです。有難うございますと思えばいいんだから、易しいでしょう。そうなるように一生懸命消えてゆく姿で世界平和の祈りをやってくださいませ。

（昭和48年1月）

すべてに超越した生き方

浄まった世界では魂は自由自在

ふつうの場合は目に見えない所へ行っちゃえば会えないと思います。ところがわれわれの場合は、目に見えないから会えないんじゃないんです。浄まっていて目に見えない世界へ行けば、かえって自由自在になって年中会えるわけです。どんな子どもであろうと、夫であろうと、妻であろうと、常に一緒にいるということはありませんね。離れています。たまたま顔を合わすだけです。ところが霊界にゆき、或いは神界にゆき、自由自在になりますと、いつでも会えるわけです。

私の母親は随分前に亡くなりました。母親はスーッと神界へ行っちゃった。天界から笙《しょう》・

篳篥《ひちりき》で迎えに来て、祝詞《のりと》でスーと昇っていった。私も霊体で一緒に送っていきましたが、神界に一遍で行っちゃいました。それからどうなったかといいますと、いつも一緒にいるわけです。肉体にいる時には亀有（東京都葛飾区）にいましたから、月に一遍か二遍会いにいかなければ、肉体の顔は見えないわけです。ところが神界へいっちゃったら、いつでも一緒なんです。肉体にいる時よりも一緒なんです。

そういうわけで浄まってしまえば、肉体界《こっち》は不自由ですが、向こうのほうは自由です。だからいつでも会いに来られるわけです。そういう立場から考えれば、本当の真理を知るということは、肉体に命がいようといまいと、どこにいようと同じことなんです。

人間には神の光の一筋が宿る

ということは、人間というものは、本来は神の分け命であって、この肉体に住んでいる者じゃないんです。本当の命というものは、神様の中にあるのです。神様の中にいて、その光の一筋が肉体に宿って、肉体を場として働いている。常に神様の中にいるわけですよ。だから亡くなるということは、浄まっていれば、神様の一番深い所にゆくし浄まっていなければ、途中でフラフラしますけども、大体、平和の祈りをしている人は浄まっていますから、神様の一番深い所にゆくわけですね。そうすると、僅《わず》かな一筋の糸で働いていたものが、大きな光になって働くわけです。

邪魔なものがかえってなくなって、不自由がなくなり、自由自在心になるということです。だから、例えば赤ちゃんで亡くなろうと、九十才で亡くなろうと、それは浄まってさえいれば、自由自在でお目出度《めでた》いわけなんですよ。ふつうでいえば、赤ちゃんや若い子が亡くなったりすれば、お目出度くありません。「うちの赤ん坊が亡くなりました」「お目出度うございます」なんていったらぶんなぐられちゃいます。ところが本当は一つの段階を卒業して、新しい大きな働きの場に移るわけです。だから本当はお目出度いんです。

何故かというと、人間は永遠の生命であって、神様のみ心の中にいながら、いろんな所に派遣《はけん》されて、肉体界なら肉体界へ派遣されて駐在員《ちゅうざいいん》になり、それで働いているわけです。

たとえばどこかへ行って、一社員で働いていた。お前はうんと働きがあるから課長にするとか、今度は部長にするとか、上がってゆくわけですね。そういうわけで最後には神様のみ心になって、キリストのように、神の右に座する、という形になるわけなのね。元々は神様の中にいるわけです。それがわからないと、本当の宗教の味がわからないんです。

人間というものは、肉体の中にいるのじゃなくて、みんな一筋の光が肉体という場に宿っているだけなんですよ。一筋の光なんです。その一筋の光を支えて守護霊守護神が光明体で取り巻いて、その一筋の役目を完うさせよう、完全にさせようとして守っているわけなんです。だから守護霊守護神を知らなければ、一筋の光が完全に自分の使命を完うすることが出来ないんですよ。それが私にはわかったわけなんです。それで守護霊さん守護神さん有難うございます、と常に感謝しなさい、と教えるわけです。

そう教わった人がやっていますと、知らないうちになんとなく心が豊かになる。なんとなく安心立命してゆくわけです。

本当の人間は永遠の生命

この世というものは、たかだか生きても百年です。百年の寿命きりしかありません。永遠の生命というのは無限億万年、数えられない。例えば赤ちゃんが生まれて、一才で死んだとします。そうすると、その赤ちゃんはこの世では一才しか生きなかったことになります。ところが実際は、一才プラス何億万年、無限億万年という年限があるわけです。ただ一才と現われたけれど、無限億万一才なんですよ。ただの一才で死んでいるわけじゃない。無限億万年に一才を加えて、それで天命を成就して、神様の中へ入ってゆくわけですね。そういうふうに永遠の生命を持っているわけです。

永遠の生命がある時は幽界に働き、ある時は霊界に働き、ある時は生まれ変わって肉体で働く。それは生命全部が来るのではなくて、一筋の光が流れてきている。映画で撮影しているみたいに、フィルムには映してある。それが光によってスクリーンに写し出されるだけです。それでこの世は現世《うつしよ》というんです。昔の人はちゃんと原理を知っていた。

それを考えますと、この肉体をいつ離れようと、いつ肉体に生まれようと、生まれたことはお目出度いことで、また他界へゆけばお目出度いこと。こちらへ来るのも誕生だし、あちらへゆくのも誕生なのです。どちらにしても本当はお目出たなんですね。悪いように見えようと、いいように見えようと、どちらにしても有難うございますなんで、そうしているうちに、自分で知らないうちに本当にわかってくるんです。

感謝一念が一番有り難いこと

そこで一番大事なことは感謝一念なんです。あらゆることに感謝できる。祈ったらお金が儲かって、商売がうまくいった。それもこの世的にはいいですよね。病気が治った、それもこの世的には有り難い。しかしもっともっと有り難いことは、いかなる難事にあっても、いかなる場合でも、心が動揺しないで、ああ有難うございます。これで私はますます浄まってゆく、本当の姿が現われてくるんだ、というように、どんなことがあっても感謝の出来る人間になれば、これは一番有り難いですね。そういう人間に育てたい、と私は思っているわけです。

いろんな宗教がありますけども、ただ現世《げんせ》の利益だけで、ここへ入れば儲かるぞ、ここへ入れば病気が治るぞ、それだけじゃ困るんですね。まして、自分たちだけが救われて、自分たちの団体に入らない者はみんな地獄へおちる、他の宗教はみんな邪教で、悪いことが出てくるのは当たり前だ、ざまあみろ、というんではそれは邪教ですね。

アメリカの人であろうと、ロシアの人であろうと、中国の人であろうと、アラビアの人であろうと、どんな世界の人であろうと、すべてみんな幸せになりますように、世界の隅々《すみずみ》まで、宇宙の隅々まで、あらゆる人間が、あらゆる生物が幸せでありますように、そういう深い愛の心がなければ宗教というわけにはいきません。自分たちだけよければいいんだ。他の者は滅びたっていい、あんなの殺しちまえ、なんてそういう心だったら、それは宗教でもなんでもありません。それは利己主義です。自分だけのことしか思っていない。そういう教え方を私どもはしたことはありません。

だから私は病気が治るからいらっしゃい、貧乏が直るからいらっしゃい、なんていいません。みんなで気を揃えて、心を揃えて世界平和の祈りを致しましょう、と唱えている。世界平和の祈りの中には、自分の天命の完うも、自分の幸せもその中にあるわけです。自分だけが自分だけがという想いでいるならば、それは宗教をやっても駄目なんですね。自分だけの幸せなんていうのは大したことはありません。小さなものです。そうなると、元々大きなものが小さく生きることになるわけです。

自分が幸せになると共に、隣りの人も向かいの人もあちらの人も、あの町の人も、日本全体が、世界全体が幸せでありますように、自然にそういうふうに思える人間になることを、私は一生懸命すすめているわけだし、講師の人も説いているわけです。それは、世界人類が平和でありますように、守護霊さん守護神さん有難うございます、という感謝一念の生活から出てくるわけなんですよ。これが一番大事なことです。

把われが消えてゆく

他の宗教でも同じようなことをいいますが、必ず何か把われが入るわけです。それは何かというと、お前の心がけが悪いからお前の運命が悪くなる。こうおびやかすわけね。夫に仕えないから悪くなる。妻に仕えないから悪くなる、といいます。どこかに間違いがあるから悪くなるんですけども、それは実はこの世だけのものではなくて、過去世からのものが八〇パーセントあるわけね。過去世の因縁が八〇パーセントあって、それに二〇パーセントが加わってこの世の運命になっているわけでしょ。それを、この世の二〇パーセントだけをつかまえて、お前の心が悪いから、それを直さなければ運命はよくならない、というんです。そうじゃないんです。よくなろうと思っても、自分だけじゃどうにもならないから、宗教に入るわけです。どうにかしてくれるものが神様の中になければならない。そこで私は守護霊さん守護神さんを教えるわけですよ。

あなたが短気であっても、あなたは直せないでしょう。自分が臆病でも自分じゃなかなか直せないでしょう。それはみんな過去世の因縁の消えてゆく姿だから、消えてゆく姿だと思って、守護霊守護神に感謝しながら、平和の祈りの中に入れちゃいなさい、平和の祈りの大光明の中でみんな消してもらいましょう、と説くわけです。そうすると知らない間に消えていって、だんだん清らかになってゆく。

守護霊以上に素晴らしい人

そりゃあこの世的にはいろんなことはあります。貧乏することもありましょう、あるいは病気をすることもありましょう。誰か亡くなることもありましょう。しかし、それは心の傷にならないんです。あらゆることが出てくるたびに、心が逞《たくま》しく、魂が逞しくなってゆく。命がいきいきと生きてくる。どんどん自分の命がひろがってゆくんです。そしてこの肉体にいながらにして、神界にいると同じような状態になってゆく。

守護霊さん守護神さんというのは肉体はありません。だから自由自在に働けます。ところが肉体にいますと、どんな聖者でもどんなすばらしい人でも、肉体の把われがあるわけです。肉体にいれば肉体的に足を使って歩かなければならない。肉体的に口をきかなきゃならない。あるいは肉体を養うために何か食べものを食べなきゃならない。そういう把われが出来てきます。ところが守護霊さん守護神さんというのは、そういう把われがないですよね。だから肉体の人間の立場より楽は楽です。そんなことをいうと守護霊守護神さんに悪いけれど、本当は楽ですよ。

だから肉体を持ちながら、守護霊守護神の働きが出来る、いわゆる把われがない、ということ、病んでも把われない、どんな災難が来ても把われない。あらゆることに把われないという想いがあれば、守護霊守護神以上なんですよ。この肉体の生活は、あらゆる把われる条件がそなわっているわけです。把われることばっかりでしょ。この肉体世界は理想が現われてない世界だから、まだ不完全な世界だから、あらゆる把われが出てくるわけね。不合理なことが出てくる。その不合理なことに一切把われないで、いつも光明燦然と輝きわたっている心を持っているとするならば、その人は守護霊以上でしょ。素晴しい人なんです。

永遠の生命を生きよう

やがて誰でも肉体を去ります。肉体を去って霊界にゆくに決まっています。自分も子どもたちも、誰も彼もやがてはゆくんです。ふつうでいう死ぬことを、ただ死んじゃいけませんよね。生きなきゃあいけません。生き通しの命にしなければいけません。肉体に来て何十年、病気になって死んじゃう。それは当たり前のことですよ。亡くなってもそのまま目が覚めてゆくんです。死んでしまった。四十九日眼がさめない。百日も千日も、十年も二十年も目がさめないのがいるんですから、そんなのではなく、亡くなった、ああ今度は霊界だな、と認める。

本当に浄まっていますと、神々がズーッと降りてきて、連れていってくれるんです。それがわかるんです。ああ神様が迎えにきてくださった。有難うございます。と感謝しながら神様に守られて昇ってゆく。肉体をはなれてゆくと、幽界があり、そこにはいろいろな所がありまして、一人でゆくとさらわれてしまうんです。それで守護霊守護神が守って、光明の柱の中を、丁度エレベーターにのったみたいにスーッと上げてくれるんです。私はいろんな人の状態を見ていますけれど、みんなそうです。そういうように、永遠の命をそのまま生きるように、肉体が亡くなって、自分の魂がはなれる時、そのまま守護霊守護神と共にどうも皆さん有難う、あなた方の道をきっと開いておきますよ、お先に、と挨拶してスーッとゆけるようにならないといけませんね。

それには世界平和の祈り一念でやっていればなれるんです。自分の父親や母親がゆく時でも、誰がゆく時でも、チャンと守って連れてゆきますよ。そうすると天と地がつながってしまう。神界も霊界もズーッとつながって、自分がここにいることも、亡くなった人が向こうにいることも、みんな一つになって、世界平和の祈りの中で一緒に手をつないで働いてゆくことになるんです。そういう世界がだんだんひろがってゆくと、この地球世界にも本当の平和が訪れるんですよ。

ただ自分の宗団が大きくなるように、と念仏や題目を唱えても、その宗団のためになるかどうかわかりません。マイナスになるかもしれません。自分の宗団だけ、自分だけがよくなればいい、なんていうチャチなことを考えているような宗教では、神のみ心にかないません。

皆さんは倦《う》まず弛《たゆ》まず、何があってもそれは消えてゆく姿、あらゆることに把われないで、把われたら把われたでいいから、消えてゆく姿として世界平和の祈りの中へ入れて、常に守護霊守護神に感謝して、歩みつづけてゆけばいいわけです。それがあらゆることに超越したいい生き方です。

（昭和45年2月）

常識の世界から本当の世界へ

“百尺竿頭一歩を進めよ”の意味

百尺竿頭一歩《ひゃくしゃくかんとういっぽ》を進めよ——という言葉が禅宗にありますが、どういう意味か、またどうしたらそういうふうになれるか、という質問がありましたので、その話を致しましょうね。

一口にいうと、全託《ぜんたく》ということなのです。百尺の竿というのは常識世界。見えるものは見えるんだし、聞こえるものは聞こえるんだし、感じるものは感じるんだし、現われているものはすべてがそのまま本物だと思っている世界、という人生観、世界観というのが、百尺の竿の上のことなのです。そこを行ったり来たりしている。

ところが本当の真理の世界、宇宙観というのは、百尺の竿の上、いわゆる常識の中で生活していたのではわからない。人間の本当の姿をわかるためには、常識の世界、肉体の人間というものの世界を超えて、客観的に眺めてみないとわからないわけです。

自分自身を知るために一番いいのは、客観的に、自分のやっていること、思っていること、願っていることを、自分から離れてみることです。自分の中に入っていますと、あるいは会でも団体でもその中に入って眺めていると、何もわからなくなってしまう。自分を本当に知るためには、どうしたらいいかというと、仏教的にいえば空の気持ちで自分を見つめ直す。あるいは、百尺の竿から離れて、それをとびこえて眺め直す、ということをすることです。そうしないと本当の自分がわからない。

自分というものが他人と別にあったり、世界と別に自分があったり、人類と別に自分があるような考え方をしておりますと、いつまでたっても人間の本体というものはわからない。自分というものはわからないのです。

そこで百尺竿頭一歩を超えなければならない。日常生活のあらゆる森羅万象《しんらばんしょう》を、この肉の目で見、肉体の手で感じ、耳で感じているそういう世界から一歩、歩を進めないと、本当の宗教の世界には入らないのです。ところが現代の新しい宗教というものは、何をするかというと、百尺竿頭一歩を超えないで、目の前に現われております利害得失というものだけを追いまわすわけです。病気を治したいから宗教をやりたいとか、お金がないからお金儲けのために宗教に入りたいとか、子どもをなんとかして学校に入れたいから、宗教をやりたい、ということを皆考えています。

それは本当の宗教の世界ではない。真理の世界ではない。それは利害打算のいわゆる常識の世界だし、肉体が人間であると思っている肉体観から来る世界なのです。その世界を超えなければ本当の世界にならないのだから、利害関係だけを説いているような教え方があるとすれば、本当の宗教ではないのです。

本当の真理をめざす世界というのは、やはり肉体世界を超えた、生命の本源の世界から眺め直さなければ入り得ない。そこでどうしたらいいか？

常識の世界をいっぺん認める

人間はどうしても利害打算から離れることは出来ないのですね。いくら百尺竿頭を超えようと思っても、肉体世界の日常生活を超えようと思っても、日々刻々と迫って来るものは、お金の計算もあるし、病気のこともあるし、不幸災難から逃れたいというものが、常にあるわけであって、言葉だけで「百尺竿頭一歩を超えよ」「ハイ」というかもしれない。あるいは「空になれ」「全託しろ」「ハイ」というかもしれない。

しかし実際問題としては、なかなか空になったり、全託したり、百尺の竿頭を超えるわけにはいかないのです。そこでどうしても「なんだい、つまらない。本当にいいかも知れないけれど、この忙しい世の中で、利害打算で追われている生活の中で、そんなこと言ったんじゃ食べてゆかれない、生きてゆかれない」というように、現代の人は考えてしまうわけです。

そこで新しい宗教という形の、目の前の利益、病気を治そう、貧乏を直そう、位を上げてやろう、災難がないように、という教え方が流行ってくるわけです。入りやすいから、そういう所に人は集まってくるわけです。それは本当の世界ではないんです。

本当の世界は、利害打算から入っても、病気を治そうと思って入ってもいいし、お金儲けをしたい、と思って入って来てもいいし、小児麻痺になりたくないからお祈りをしてくれ、と入って来てもいい。いろいろな入り方はあるけれど、最後に行き着くところはどこかというと、病気とか貧乏とか災難などを恐れる想い、そういう想いが一切なくなってしまう世界、そういう世界に入ることが宗教の根本なのです。

そこで私はどう教えるかというと、この世の中に現われている利害打算の想い、損だ得だ。病気をした、恐い。貧乏は嫌だ。あいつより偉くなりたい、とか権力への想い、富への想い、不幸をしたくない想い――そういう想いを業想念と呼んでいるんです。仏教語でいえばカルマ、カルマというのは想いも行為も全部入っているのです。これは本当の人間性から離れた想いというのです。

本当の人間は何かというと、神様の子だから、完全円満で、不幸などありっこないんだし、病気や災難などありっこない。ましてそんなものを恐れる想いなどありっこない。しかし実際問題としては、不幸もあるし、病気もあるし、災難もあるし、恐れる想いもあるわけでしょう。長い間、肉体界に生活をしておりますと、どうしても知らないうちに癖になってしまいます。病気を恐れることが癖になる。災難を恐れることが癖になって、習慣の想いでもって恐れたりすることになるんです。

病気をするのは嫌じゃないか、当たり前だろ。貧乏は嫌だ、当たり前だろ。偉くなりたい、当たり前だろ。暑い時には涼しくなりたい、当たり前だろ。寒い時には暖かくなりたい、当たり前だ。これが常識の世界でしょう。しかしそういう世界だけに住んでいたんでは、どうにもならない。すごく暑くなったり、すごく寒くなったり、どうにもしようがなくなったら困ってしまう。

ところが百尺竿頭一歩を超えた本当の世界というのは、暑いことも、寒いことも、苦しいことも、不幸も、欲望というものも一切抜け出た解脱した世界なのです。

肉体人間を解脱しない限り苦しみがある

そこで私は、貧乏が嫌なのは当たり前だ、人より偉くなりたいという想いも当たり前だ、人に勝ちたいという想いも当たり前だ、嫌なことをしたくないというのも当たり前だ、といっぺん是認するのです。それは仕方がない、と当たり前だとするのです。ところがそれだけでは、自分と他人が別、ここに自分がいる、他人がいる、自分と他人とは別人ですよね。形の世界から見れば別です。だから他人のことを思うよりも、自分のことを先にやるのが、いいに決まっている。自分の子ども、他人の子どもとあれば、自分の子どもによくしてやりたいのは当たり前。他人の子どもより自分の子どもは可愛い。他人の子どもが小児麻痺になった。「ああ、可哀相に」というけれども、ああ、うちの子でなくてよかったと思っちゃう。「他人の子が病気にならないで、うちの子が病気になればよかった」なんて思う親はいない。これは常識で当たり前でしょう。だから当たり前の世界を突きぬけて「自分を捨てても他人のために尽くせ」と余りいいすぎますと、ちょっと苦しくなってしまう。
宗教の話を聞けば、他人のために尽くさなければならない、自分と他人とを同じように思わなければならないんだから、他人の苦しいことを自分の苦しみとして、平等に分けて苦しまなければならないことになる。他人は一人だけではない。三人も五人も十人も二十人も知り合いはたくさんいるわけですよ。知り合いの苦しみを全部自分の苦しみとしてごらんなさい。いい人は、あの人のこともこの人のことも、と自分は十人分苦しめば十倍苦しんでしまうわけ。一人分しか苦しまない人からみれば、現象的には自分だけが損しちゃう。

「他人の苦しみを自分の苦しみにしろ」ということは、言葉としてはいうけれども、実際問題としては、実感としては出来っこない。また出来たとすれば、それは余程の力のある人か、空になって解脱《げだつ》した人です。中途半端な善人というのは、たとえば自分は幸福で、いい生活をしているとすると、自分だけがこんなに幸福な生活をしていていいものだろうか？　誰も彼もが苦しんでいる世界にあって、自分だけがこんなにのうのうと、楽な生活をしていては申しわけない。だから何かしら皆の苦しみが自分の苦しみにならなければ、いけないいような気がしてしまう人があるんですね。

その人としてはなんの不幸もなければ不足もない。それなのに年中苦しんでいる人があるんですよ。あの人を見ればあの人は可哀相、この人を見ればこの人は可哀相、可哀相、かわいそうだ、と人のことばかり可哀相がって、自分が毎日楽しくないんです。そういう人が、宗教をやっている人には多いんですよ。といって、自分にはなんの力もないから、何をしてやることも出来ない。病気を治してやることも出来ない。不幸を救ってやることも、災難を救ってやることも出来ない。しかし自分は苦しい、こう訴えて来る人があるんです。

その人が良心的であればある程、宗教的であればある程、その人の生活は苦しくなるわけなんです。そうすると、その人は仕方がないから、その人の生活の安定を捨てて、苦しい人の中に飛びこんでゆかなくてはならないんです。しかし実際問題としては、それが出来ない。そうすると宗教的観念と日常生活の常識的な観念とが混ざってしまって、とても苦しんで、ノイローゼのようになっている人もあるわけです。

ただし、いい人よ。いい人はいい人で苦しむ。悪い人は悪い人で苦しむ。いろいろ苦しむものが、この常識の世界には横溢《おういつ》しているわけです。肉体の人間というものを解脱しない限りは、いつまでたっても苦しいんですよ。その場その場はよくなっても、いつまでも苦しみは消えないわけです。そこで私は、肉体の人間観というものを超える方法を教えているわけです。

肉体人間観を超える方法

肉体にまつわるさまざまの想いも行ないも、すべてそれは消えてゆく姿であって、自分が悪いのでもなければ、人が悪いのでもない。今は天と地をつなぐトンネルを掘っている最中のようなもので、トンネルが掘れれば、光明燦然として神様の世界が、この地上界に開けるのだけれども、まだ掘り切れていない。皆が一生懸命汗水流して掘っている。余計にほこりをかぶっている人もあれば、砂をかぶる人もある。少ししかかぶらない人もある。いろいろあるけれども、少しずつみんな泥土をかぶって、泥だらけになりながらトンネルを掘っているのが、今の世の中。

だからこのトンネルが掘り上がってしまえば、皆が完全円満になって、神の地上世界が出来るんです。今、トンネルの中で掘っている間は、光が見えませんから、ああ、嫌な世界だ、病気もあるし、貧乏もあるし、神様一体どうしたんだろう、私は一生懸命神様神様と呼んでいるのに、いつまでたってもこの世界はよくならない。神様は本当に愛があるのかしら、と不審《ふしん》を抱く人もあるわけなんです。掘り上がらなければ出て来ないんです。そこで私は守護霊、守護神の存在を説いているのです。

肉体の人間がいくらやってもトンネルの中にいるのだから、いくらやっても自分の力では、最後まで時間が来なければ掘り上げることが出来ない。あるいは掘り上がらないうちに、皆疲れてしまって、泥だらけになって倒れてしまう。

それではいけないというので、大神様が慈愛の心をもって守護霊を遣わし、守護神を遣わして、肉体人間の背後につけている。それで守っていてくださる。助太刀してくださっている。泥をかぶってトンネルを掘っていると、守護神が手を出して、その泥をドンドン外へ放り出してくれている。消えてゆく姿にして、どんどん消してくれているわけです。そうすると、トンネルが掘り上がるのも早いし、光明が守護霊のほうから来ますから、トンネルを掘りながらも、やっぱり神様はいらっしゃるんだ、と、守護霊守護神を思っている信仰心のある人は、明るさを忘れないわけなんです。

やがてトンネルが掘り上がった時には、人間というものは、今までこんなに苦しんでいたけれど、実は自分が苦しんでいたんではなくて、業想念、過去世の因縁が消えてゆく姿として、苦しみや不幸や災難のように現われていたんだなァ、ということが初めてわかるわけなんです。

個人差によっては、早くわかる人もあれば、遅くわかる人もある。しかしやがては、人類全部が〝これは天と地をつなぐトンネル掘りをやっていたんだな。神様のみ心をこの世の中に写し出すためのトンネルを掘っていた。その苦労が人類の不幸のように見えていたんだな。実は不幸というものはなかったんだ。災難というものは無かったんだな〟ということがわかってくるのです。

そこで、やはり信というものが出てくる。

神様は大愛であって、人間の世界に不幸をもたらすものではないんだ。神様は愛だから大親様だから、子どもである人間に悪いことを与えるわけはないんだ。人間をいじめるわけはないんだ。トンネルを掘って泥にまみれていく。それを本当の姿だ、と思っているから苦しいだけである。トンネル掘りはまだ途中であって、やがて掘り上がって明るい自分になる時が来るんだ、ということを信ずることが大事なのです。

ところがなかなか信じられない。神様は愛なんだといいながらも、いつまでたっても病気が治らない。自分はいつまでたっても不幸が直らない。この世の中はいつまでたっても不幸が直らない。いつまでたっても争いに満ち満ちている。こんなに悪い人が多いのに、どうしていい世界が出来るんだろう、という疑問が随分あるんです。そういう想いがたくさんある。

そこで、そういう疑いの想いも、不幸なら不幸でいいから、そのまま祈りの中に入りなさい、というのです。祈りも、世界平和の祈りの中に入りなさい。世界人類が平和でありますように、という想い一念で、この世の中を生きてゆけば、いつの間にか小我の想い、カルマの想いを超えて、世界平和を願うただ一つの心になってしまう。それは常識の中にいながら、百尺竿頭一歩を超えた世界になるわけです。

常識の世界では「自分が自分が……」といって、自分が一番大事なのね。自分を守ろうとするのが常識の世界のカルマです。そこであらゆる宗教は自我をなくさせようとしているんだけれど、私は最初から小我など無いと思っているから、なくさせようでもなんでもない。そんなものは消えてゆく姿だ。それで、なんにも構わずに、世界人類が平和でありますように、という祈り言を常に唱えていれば、その想いというものは、いつの間にか世界平和の祈りのエレベーターに乗ってしまって、世界平和という、大きな神様のみ心に入ってしまう。そういうことを私は説いているわけです。

世界平和の祈りを常に祈りつづけていれば、いつの間にか百尺竿頭一歩を超えてしまうし、全託の境地にもなってしまうし、空の境地にもなってくる。そうすると、自分というものは神様の子である、神様の光であることが、そのままわかってくるわけなのです。

とにかく、寝ていても歩いていても、平和の祈りをしていればいいんですよ。想いを、自分を否定したり、人を否定したり、人類を否定して、だめだと思うような想いの中に置かないで、いつも光明の、楽天的な希望的な、いわゆる明るい心の中に入れておく、というのが世界平和の祈りなのです。

（昭和36年7月）

第4章

甲斐ある人生

意義のある人生

生かされている命と生きている命

今日は人生いかに生くべきか、なんのために生きているのか、という疑問に答えてみましょう。

人間は肉体のほうからみると、生きているのではないのです。生かされているのです。生命自体、いのちそのものからみると生きているのです。これをハッキリ区別しないと、哲学的な苦悶《くもん》におちいって、しまいに死んでしまったり、生きている価値がなくなって、みずからいのちを絶ったりする人が随分出てくるわけです。

生かされているいのちと、生きているいのちがわからなくて、自分で生きていると思うから間違いが出来るのです。いのちというものには、大生命（宗教的にいえば神様）があって、大生命のいのちが個別に分かれて、各人間に分かれ、あるいは植物、あるいは動物といろんな形に分かれているわけです。それで人間の場合には、私がいつもいうように直毘《なおび》、直霊《ちょくれい》として大神様のみ心奥深くに、七つの働きに分かれて一番始めに存在したわけです。そして直霊の分霊として各個別の人間が出来たわけです。

ですからあくまでも人間は肉体ではなく、形ではなくて、いのちそのまま、生命エネルギーそのものがいろんな角度に分かれ、各種に分かれて、一人一人の人間が出来ているわけです。だから人間の本体というのは何かというと、いのちそのもの、生命エネルギーそのものであって、肉体というものはいのちの力によって作られたもの、被造物なのです。肉体はだからいのちの力そのもので生きているのであって、肉体自身で生きているのではないのです。これは誰でもわかりますね。

いのちがなくなって死んでしまった状態になれば、肉体がそこにあっても、肉体はどうしようもない。肉体は無に等しいです。いのちが入ると肉体が動く。ちょうど、動力があって、ゼンマイをかけておけば動く、動力がなくなってしまえば動かなくなってしまう機械と同じであって、肉体は機械と同じです。ですから私は器であるとか、場であるとか、いうように説明しますね。いのちの一つの働きの場が肉体なのです。

皆さんが自分だと思っているもの、何の誰れ子、何んの誰兵衛なんだと主張している肉体というものは、実は自分で生きているのではなくて、生かされている。

赤ちゃんとして男の子に生まれてくる。女の子に生まれてくる。ということは、肉体人間側としてはどうすることも出来ないことです。男の子は男の子、女の子は女の子、私は男の子に生まれればよかった、といっても女の子は女の子。私は女の子に生まれればよかったといっても男の子は男の子。これは自分ではどうしようもありません。絶対絶命のもの。

そのように、肉体側からいくと、絶対絶命のもの、仕方ないということがあるんです。人間の世界では自分でどうにもならない、仕方のないことがあるんだということをハッキリわからないと、自分でどうにかしなければいけない、自分でやるやるといっていて、どうにもならなくなる場合があるのだから、その時自分を苦しめいじめてしまうことになる。肉体はあくまで生かされているのです。神様、守護霊守護神の力によって生かされている。肉体は生かされるままに素直に生きていれば、完全なる神様のみ心のまま、大生命の理想とするところの人間がそのまま生きていくわけです。

いのちの源を忘れた人間

ところがみんないのちの元を忘れてしまったので、肉体の自分という「我《が》」というものが出てくるわけです。これがオレなんだ、と肉体がオレなんだと思うわけですね。自分の思うことは自分なんだから、自分の運命は自分で始末する、とか、人が忠告したって、それは自分で考えることなんだ、自分なんだ、と決めている。ひどいのになると、神も仏もそんなものあるもんか、人間があるだけだ、自分があるだけだという。

自分があるだけだといったって、肉体の自分なんていうものは自分で作ったのではないんですからね。自分で作ったものではないものを、自分のものだ、誰れの厄介になるものか、オレの運命はオレが始末をつける、オレのことはオレがやるんだ、とこういう。いかにも勇ましそうに聞こえるけれども、それならもう一遍やり直して、自分の力で初めっから生まれてこい。自分の力で生まれてこられたら、サア自分のことは自分なんだから、自分で全部やって全部自分のままにしたらいい。

ところが実際問題として、自分自分という前に、目に見える力として両親のエネルギーによって生まれてくる。目に見えない姿としては大生命の力として、生命エネルギーいわゆる神様の力として生まれてくる、それを度外視《どがいし》しちゃって、一番の出発点を忘れちゃって、オレなんだ、オレがやるんだ、オレがオレがとなんでもこの形の肉体の自分という、五尺何寸の自分を後生《ごしょう》大事に、これほど大事なものはないような恰好で、自分の主張、自分の権限はこうだといっている。大きな目からみればおかしくて、おかしくてしようがない。

自分、自分と思っている人には、自分の運命もわからないし、自分の生きる目的もわからないわけです。人間の目的、人生の目的がわかるためには、一度肉体の自分というものを捨てないとわからないいんですね。肉体で自分が生きているんだ、自分の運命は肉体の自分が作るんだ、自分なんだ自分なんだという自我を一遍もとの世界、赤ちゃんの前の世界、未生の世界、生まれない前の世界に帰さないと、本当の自分というものがわからない。小さな肉体の生かされている自分だけしかわからないのです。だから、唯物論の人が、人生いかに生くべきかと考えたって、唯物論の人には本当の人間の目的なんかわかりっこない。人生の目的も人類の意義もわからないんです。

人間はいかに生きるべきか

要するに、神様のみ心にすべて返してしまって、そこから改めていのちを頂き直して、これは神様から預かったいのち、この神様から頂いた体を、いかに人類のために、もっといいかえれば神様のみ心のために生きていくかということです。

神様というのは大生命だし、一なるものです。数十億の人類に分かれていますけれど、元をずーっと探ってゆくと、大生命のなかで全く一つなんです。大生命のなかでは韓国人も日本人もアメリカ人もインド人も、そんなものはない。みんなもとをただせば一つのいのちなんです。それで似通った波の人たちが集まって何々民族、何々民族となっているんです。

そして、日本人は日本人で一つであり、アメリカ人はアメリカ人で一つであるわけですが、ところがアメリカはアメリカを守るために、日本は日本を守るために、中国人は中国を守るために、自民族を守るためにというんで、戦争が起こるわけです。しかし、すでにそういう時代ではないのです。それは過去のこと、過去の習慣のままに進んでいってしまっては、自民族を守るどころか、地球人類を自分の手で亡《ほろ》ぼしてしまいかねない。

やっぱりどうしても、人間は大神様のみ心のなかで一つのものなのだ、と知らなければいけません。神様のみ心は目には見えない。相対ではなく絶対であって、宇宙に遍満している。それを人間が人類として形に現わして、各々の場で自分の天命を果たしてゆくのです。天命を果たしてゆくようになると、自然にみんながつながり合い、助け合うことになって、神のみ心である大調和世界をこの物質の世界に実現することになるわけです。大調和の、完全な世界をこの地球界に実現してゆくために、われわれが生まれているわけです。誰れも彼もその目的のために生まれてきているわけです。

人間の生きている目的というのは、大生命の理念といいますか、神のみ心をこの地球界に現わすために、自分たちの一人一人が生きているんであって、ただ単に自分の肉体生活の満足を得るためにだけ生まれているんじゃない。人間各自が自分の肉体生活の満足だけを得るために生きているとするならば、その人はやがて破滅する。自分の肉体的な自我を満足させるために、権威と地位を利用して、自分の勝手放題なことをした人は、最後には刑法にさらされて恥かしい目を見て、悲惨な姿になりますね。おごり高ぶった実業家、おごり高ぶった政治家、おごり高ぶった宗教家、おごり高ぶっている知識人、等々、おごり高ぶっている人たちはみんな末路が悪いです。おごる平家は久しからずです。

やはり、自分たちの肉体の満足を得るため、自分一家族のため、自分の集団のため、自分の国のためだけを考えてやった個人、あるいは集団、あるいは国家というものは亡びます。自然の運行がそうなっている。

なぜならば、神様のみ心というものは、完全の調和、全体の調和というものを考えて作られているんであって、その調和を破って自分だけの自我をだせば、出る釘は打たれるではないけれど、邪魔だから神様のほうから光が流れてくると、それが崩れてゆくのです。どんなに隠しおおうとしても、間違ったことをしていたら、必ずそこに現われてくる、いわゆる消えてゆく姿になって、間違ったものは滅亡してゆくわけです。

人間はいかに生くべきか、というこの課題に対する答は、いかに自分が人類の調和のために役立っているか、人類の調和のためにどれだけ自分が役立つような生き方が出来るか、生き方をしなければならないか、ということになります。

意義のある生き方

そこで端的にいうならば、人間は人類の大調和のために、世界平和のために働かなければだめだ。そうしなければ生きている意義はないんだ。各自は神のみ心から分かれ分かれになって、この地球界に平和を築くためにわれわれわれが生まれかわり、死にかわりしてここに現われて生きているんだ。これがわれわれ人類の天命なのです。その線に向かって働いてゆけば、その人は立派な人だし、意義ある生き方をしている人なんです。

ですから、頭のなかでガチャガチャ、いかにあるべきか、人生とはなんぞやなんて深刻ぶってやっているよりは、少しでも一人の人のためにでも尽くせる、一人の人でも愛せる、誰れかのためになって生きる、ということがより必要だし、一番大切なのです。ふつうの家庭を持った人は妻のため、子どものために働いていればそれだけいい、いのちが生きているわけです。しかし、妻のため子どものためにはかることが、他の利を損なうようではだめなのです。他のものをつぶして自分の家庭をたてるという形じゃいけません。収賄したりしていることは、どこかを汚しているわけです。国民の税金をむさぼり使っていたら、それは悪になります。そういうことはいけない。

自分が正しく働いて、妻子のために非常に明るい生活をする、というのでしたら、これは家庭にしては、一番いいわけです。もっと簡単にいえば、人の迷惑にならないで、少しでも多くの人のためになる、多くの人の調和のために働ける、そういう生き方が一番立派な生き方です。

それを大きくひろげてゆくと、世界人類が平和でありますように、という祈りの心になります。常にみんなの平和を願い、調和を願い、みんなが仲良くやってゆくことを願うような想いの人、祈り心の人は、おのずから人類のために尽くしている意義ある生き方をしているわけです。

皆さんのように、世界平和の祈りをして日々過ごしていられる方々は、そのままで生きている意義があるわけです。八十、九十のおばあさんやおじいさんであろうと、四つの子どもであろうと、ベッドで寝たきりの病人であろうと、台所から離れられない主婦であろうとどんな人であろうと「世界人類が平和でありますように、みんなが幸せでありますように」という想いで生きている人は、そのまま人類のために働いている意義のある生き方をしているんだ、ということなのです。

価値ある生き方

万物の霊長である人間の特性

この世の姿、人間の肉体身をはじめ、山川草木禽獣虫類《さんせんそうもくきんじゅうちゅうるい》すべて、みな現われているものは神のみ心の現われなんです。神・絶対者、大智慧大能力の現われなのですね。これは宗教的な言葉で、科学的には大自然の現われという言葉になるでしょう。どちらにしても同じです。それで動物・植物と人間というものはどういうふうに違うのか、人間でも動物でも同じじゃないかと考えるわけです。生物学的にいうと、人間というのは動物の一種で、背椎《せきつい》動物の哺乳類《ほにゅうるい》の中の霊長類《れいちょうるい》に入っているんですよ。猿類《えんるい》の七番目にヒトと書いてあるんです。そうすると人間というものは、動物の一種で猿類の延長でチンパンジーより一寸いい位になっているんですよ。

しかし実際問題としては、人間は神のみ心み姿がそのまま現われているという、万物《ばんぶつ》の霊長ということになります。動物というものは、神の姿がそのまま現われているのではなくて、神によって現わされているもの、神に造られている被造物である。山川草木もそうです。ところが人間はそうではなくて、神の姿が現われている神の裔《すえ》なんです。神の子なんです。

どこにどういう違いがあるのかというと、人間は考えることが出来る。未来の計画をたてて、考えて考えて物事を成就してゆく。創造してゆく。要するに科学性というものをもっている。動物というものは、チンパンジーにしても教わったものをそのままやるというような、本能的な動きを示しているだけです。未来を考えて計画性を立ててやっていけるのは人間より他にないわけです。

ところがそれだけでは、人間が万物の霊長たる所以ではないんですよ。神の姿がそのまま現われているのが人間だ、人間は小宇宙なんだ、という言葉はどこから現われてくるかというと、考える力があると同時に、深い神の姿を自分で把握することが出来る。神と一つになれる、神を自分のほうから客観的に見られるという特性があるところからです。そこが要するに他の動物とは全く違った所なんです。その違ったところを宗教的にいうと、神の子、神の裔だということになるわけです。

人間は、神の姿神のひびきがそのまま真直ぐ現われて来ている、それを私は直霊と分霊というふうに説いているわけです。宇宙神《うちゅうしん》があって、宇宙神のみ心のひびきが現われてくるのですが、どういうように現われて来たか、というと宇宙神がそのまま直毘《なおび》直霊として七つに分かれて、その直霊の分かれがそのまま人間の姿になっているんだ、というふうに説いている。

動物や植物などというものは、その上に神がいて神のみ心にいちいち支配されて、動かされている。人間は自分の想念意志力で、他動的ではなく自動的にいくらでも自分の運命を作っていくわけです。動物は自分の意志力ではどうにもならない。創られたまま動かされるより仕方がない。そこに大きな違いがある。動物は飼主なら飼主の心のままに動かされる、環境に動かされるわけです。動物とは一応そういうことで全部区別できるわけです。

人類は神のみ心を現わしているか

さて今度、よく考えてみますと、果たしてこの地球人類が、神のみ心そのままを現わしているかどうかということなんですよ。一応計画性もあり、知恵もあり、知識もあり、動物とは違っているけれども、本質である一番大事な神のみ心を、そのまま自分の生活に現わしているかどうかということになると、甚《はなは》だ疑問なんです。何が疑問か。神様から見れば、動物も植物も人間も全部が自分の子どもであるわけです。そしてその長としてあるのが人間で、あとはみな脇役としてあるわけです。神のみ心み姿をもって、その中心に立ち、動物、植物、鉱物を使って、人間が神の世界をこの地球界に作っていくようになっているわけです。

それをやっているかいないかというと、実際問題としてはやっていないわけです。神のみ心でもって、世界の平和を創り、大調和をこの地球界に現わそうとしているんだけれど、実は反対に自分の現われの肉体だけを守ろうとしている。個人にすれば、個人の肉体を守るために、生活のために人を陥《おとしい》れてもなんでも、ガンガンやっていこうとする。国家とすれば、国と国とが戦いながら、自国の権力を増していこうとする。

この間も新聞に出ていましたけども、アメリカは人間衛星（人間が乗ることの出来る人工衛星）に成功しましたね。人間衛星にかけている費用が、日本の国家予算の五ヵ年分だとかいうんです。ソビエトでもそれ位の金をかけてやっているわけでしょ。何が彼等をしてそうさせるか。アメリカでもソ連でも、本当に月との交流を願っているのか、本当に宇宙開発のためにやっているのか、目的はどこにあるのか。

人間衛星が出来たって、直接アメリカが富むわけでもなければ、ソビエトが富むわけでもない。それなのに、それに血道をあげて、日本の予算の五ヵ年分のお金を使ってやっているかというと、それはいうまでもなく、ハッキリわかることは、自国の権力、権威力つまり自分の国はこんなに科学が進んでいるんだ、自分の国は一番なんだ、ということを見せたいわけです。ソビエトはソビエトで見せたい。そして各国の心を自分のほうにひきつけようとする。自分の陣営にひき入れようとする。要するに国家の権力欲なんです。そういう考えは果たして神のみ心に叶うか叶わないか。叶いようがないでしょう。

大神様のみ心というのは、みんな自分の子なんだから、みんなが仲良くして、みんなの天命を完うして、役目役目を完うして、それで手をつないで、地球世界に自分の心を現わしてもらいたい、ということなんですよ。ところが実際問題としてはそうじゃないわけです。ああいうのをみていますと、いかにどんな費用をかけて、科学力を増大してやっても、いつでも戦いの、権力欲の闘争の具になってしまう。情けないなと思う。

半人半獣の人間が多い世の中

それは国家と国家ばかりでなく、個人も大体そうです。この頃新聞に出ていますけれど、選挙の時は国民の皆様のためにも一生懸命やる。果たして代議士になって国会で働いているかというと、殆んど出て来ないで、自分の仕事や自分の名前を売ろうとかなんとか、そんなことばっかりやっている。中には立派な人もいますけれどそんな人が多いわけです。だからこのままで行きますと、神様のほうでしびれを切らして、一遍やり直しちゃおうということにならないとは限らないんですよ。そういうのが予言で現われている。

もう今は末法《まっぽう》だ、と。末法というのはお釈迦様の頃から末法なんで、ズーッと末法で来ているわけです。それで最後のドタン場に来て、もう地球人類が三分の二亡びてしまう、というような、また大天変地変か戦争が起こって終わりになってしまう、というような予言が方々にあるわけです。

そんな予言がなくとも、現実世界をジーッと見ていれば、やがては権力欲の争いで、どこか間違って原水爆でも落としてしまって終わりになっちゃうような、そういうことが明らかに見えているわけですね。お互いの心がお互いに自分たちだけを守る、いわゆる動物と同じ弱肉強食の世界と何ら異なることがないことを、現在人間はやっているわけでしょ。

人間は豚も殺し、牛も殺し、鳥も魚も殺し、みんな殺して食べて、自分の栄養にしてしまって、それで食べたことに感謝も何もせず、その上自分の好き勝手なことをしているわけでしょ。キャバレーに行って遊ぶ人もあるだろうし、ダンスして遊んでいる人もあるだろうし、とにかく自分の生活だけを満足させる。自分の生活を満足させるためには、豚を殺そうと牛を殺そうと、何を殺そうと何んにもかえりみない。自分の栄養にするだけで、栄耀栄華《えいようえいが》をほしいままにする。一寸字が違うかも知れないけれどね（笑）。それで何んにも神様に対してお返しはしないわけですよ。

自分の生活だけやっていて、神様に何んのお返ししたか、貰うものは貰っている。いのちを貰っているんですよ。一番大事ないゝ、いのちというものを神様から貰っている。どこから貰ったか。

自分はちょこんと生まれてきたわけじゃないし、両親から生まれてきたけど、両親の中には要するに神様の力があって、それがうまーく和合して調和して、この世の中に人間として生まれてきているわけです。現われの世界に現われて来たわけです。すると、自分でやったことは何んにもないわけですよ。霊的にいえば自分でやったことなんだけども、肉体的な現われの世界のほうから見ると、人間は何一つやらない。初めから何もしないで赤ちゃんに生まれて来て、親に育てられ、みんなの庇護のもとにのびのびと生きて来て、それで一人前になって、俺の力だ、俺の運命は俺が決めるんだ、俺のことを何余計なことを干渉する、とこういうことになって、自我意識が非常に強くなり、自分だ自分だというふうに、自分だけを守るような、自分の幸福だけを守るような、そういう生き方になって来てしまうわけ。

ところがそれが大きな間違いだっていうことを、だんだん宗教でもやってくると気づいてくるわけです。

ああここにいゝのちがあるな。いのちの原動力というのはどこからか来ているんだな。こうして自分が寝ていても、知らない間に肺臓は動いている。心臓は動いている。胃腸も働いている。知らない間に動いて、知らない間に自分を生かしてくれている大きな力があるんだな、ということがわかってくる。

この心臓を動かしているのは何んだろう。何んの力だろう。ああそれはいゝのちというものだなあ。いのちが生きているから、こうして自分が生きているんだな、といのちが生きていることが有り難いなあ、心臓を動かし、肺臓を動かし、頭を働かしてくれる、こういういのち、いのちというものは有り難いんだなあと思う。病気になったり不幸になったりすると、健全な時の姿がなつかしくなって、有り難いなと思うわけ。

水がなくなりますと、水が有り難いなと思う。その水というのはどこから来ているか。人間が創ったわけじゃありません。肉体の人間が現われる前から水や空気はあるわけです。だから人間がこうやって、一日一秒生きているのは何かというと、いのち、いのちが働いているということ。ところが、いのちが外から水だの空気だの、いろんな生きるに必要なものを吸収して来て、同化作用をして、調和させ、新陳代謝させて、こうやって生きているわけです。だから生きているんじゃなくて、生かされているわけです。

肉体の人間というものは、大きな力、山川草木すべてのものに生かされて、生きているのです。だから本当のことをいうと、大きなことは言えない。

肉体の人間のほうでは、俺が生きている、俺の力だ、俺の頭だ、なんて言っているけれども、実は俺の頭なんて何にもないわけです。生かされているんです。空気がパッとなくなればそれでおしまいなんです。水がなくなればおしまいなんです。心臓が動かなくなればそれでおしまいなんです。だからはかないもの。肉体人間程はかないものはない、ということがわかるんですよ。

いつペチャンコになるかわからない。巨億の富を積んでも、どんな地位があろうと、死んでしまったら、それでその人の肉体の現われの世界はおしまいになるんですよ。だから、神のみ心と一つに合致しない限りは、この肉体人間程はかないものはない。人間は考える力がある代わりに、常に病気になりはしないか、不幸になりはしないか、天変地変がありはしないか、戦争がありはしないか、といつも不安や心配恐怖が人間につきまとっているわけです。

何故か。それは自分で生きていると思うからです。霊身のまま、神のみ心のままに、自分は肉体に現われ霊界に現われ、いろいろと現われているんだな、ということに徹してしまうと、生かされているということと、生きていることが一つになっちゃうんですよ。

神様に生かされているんだな、ということと、自分が生きているんだなということが一つになってくる。主観と客観が一つになってくる。自と他が一つになってくる。神と人間とが一つになってくる。それを神我一体という。そういう心境になると、何にも恐くなければ何も欲しくない。なんでもない。といってボンヤリしているかっていうとそうじゃない。なんでもないという境地になると、生き生きと生きてくる。そこで宗教の一番の極意というのは、空になる、ということです。或いは老子に言わせれば無為《むい》にしてなせ、ということで、昔から宗教につきものなのは、座禅とか統一とか滝をあびるとかいって、肉体人間の想いをなくそうとする修行をしたわけですよ。

現代で悟るのはむずかしい

ところが現代の社会のように、目まぐるしい程スピードの早い機械化している時代には、年中座って座禅観法して、空になれ空になれ、といってもそれはなかなかむずかしい。家庭の生活もあるし、世間のつきあいもあるし、社会とのふれあいもある。だから何んにも想わないで生きて行こうということは、とてもむずかしい。昔の坊さんがやったほうがズッと楽です。確かに肉体的難行苦行《なんぎょうくぎょう》というのはあったけども、心の問題としては難行苦行じゃなかったでしょ。だから現代において悟るということは一番むずかしい。

そこで現代において悟る方法はどうしたらいいかというと、空になれとか無為にしてなせ、というのは言葉の上や知識理論の上では勿論それでいいわけですが、実際問題としてはそういうわけにいかないんですよね。こういう現代の複雑な人間関係の社会、生きるのにむずかしい社会の中にいながら悟るには、空になるために山にこもって修行した坊さんよりも、魂的にうんと強くなければだめなんです。

いわゆる、水泳で、百メートルを五十何秒で泳いだとする。着物をきたまま泳いだら、五十何秒ではつかない。二分か三分かかってしまうでしょ。その上にさらに潜水服をつけて泳いでごらんなさい。遅いですよね。丁度今の社会というのは、潜水服をきて泳いでいるのと同じです。潜水服をきてしかも、裸で泳ぐ人たちよりも速く泳ごうというのが、今の世界だし、私たちはそれをしているのです。

昔の独り者の時なら、死んでも生きてもどうでもよかった。今、こうしてうちの人たちがたくさん増えて、仲間の人が増えている場合、仲間の責任を全部負うわけですよ。世界人類の運命を背負おうと思っているんだから。そうすると、自分だけが死んだらいい、自分だけがどうすればいい、というんじゃない、自分なんか全然ない。世界が平和にならなきゃ私の役目は済まないでしょ。

世界人類が平和になるためには自分なんかのことを考えるどころじゃない。何んにも無いだけじゃ済まない。死んでも生きてもいいじゃない。生きなきゃならない。死んで済むのは楽なこと死んじゃいられないんですよ。どんなに苦しくたって、どんなに嫌なことがあったって、どんな責任があったって、逃げるわけにいかない。生きなきゃなんない。私たちの立場は、世界が平和になるためには生き通さなきゃならない。

昔の坊さんは死ねば死ぬでいい。こっちは死ねないんですよ。殺そうたって世界が平和になるまでは死なないんですよ。皆さんもそうなんです。世界が平和になるためには死ねない。さあ、そういう立場を保持するためにはどうしたらいいか。むずかしい。否でも応でもこの面倒くさい社会の中で、永遠の生命を自分のものにしなければならない。そうしない限りは、この世に生きている価値がないんですよ。

この世でどんなに金が出来ようと、地位が高く昇ろうと、それは世界平和を成就するための一つの方便手段にすぎない。この世の地位も、この世の学問も、この世の財産も全部、世界平和を成り立たせるための一つの方便ですよ。そう思わなきゃいけません。そうしないと永遠の生命は得られませんよ。

与えられたものを人類のために生かす

社会のよい地位を得ただけで満足する。お金が出来ただけで満足する。学問が出来るだけで満足する。それだけで生きるとするなら、その方便を使って、世界が本当に平和になるために働かない限りは、方便だけで死んじゃうわけ。その地位がよければよい程、お金があればある程、世界平和のために使わなければ、あの世に行った時、差が激しく起こってくるわけです。

だから、地獄をみてますと、昔の高僧だといわれたような、いわゆるみんなに立てられていたような人、地位の高いような人が地獄に堕ちているのがとても多いです。何故かというと、それだけの位にあげられながら、それだけの力を持たせられながら、仕事をしなかったということは、やっぱり神様からみればマイナスになってくる。自分の本心が許さないわけです。それで自分で地獄へ行って修行するようになるのです。守護神がそうさせるわけ。だから地位が高ければ高い程、或いは学問があればある程、お金があればある程、余計に世界平和のために尽くさなければ、その人のマイナスはあの世へ行ってからうんと増します。と言って脅かすわけじゃない。そのつもりでいろ、と言うんじゃない。いや、そう言いたい、私は世間に向かってね。

だから能力もない、お金もない、地位もないという人は働けないのも無理ないですよ。それだけのものを与えられてないんだから。ところが地位もある、能力もある、頭もある、学問もある、お金もある。それでもって世界平和のために働かない人は、犬畜生よりも劣っていると私は思うんです。

万物の霊長たる人間が徳をたくさん貰いながら、只で使いつぶしていたら、その徳の分だけのマイナスが来るわけです。だから徳があればあるだけのものを、世界人類のために働かなきゃだめなんですよ。

それが貧乏で才能もないと自分で思いながらも、しかも一生懸命世界平和の祈りをし、三度の食事を二度位にしてまでも、やりたいという位の熱意があったら、その人は徳がないのに徳を積むことだから、余計立派になるんです。

そこで一番問題なのは、どうしたら、昔の人が山に籠《こも》ってやっただけの心境になり得るか。まともに表面的にはなり得ません。表面的には昔の坊さんが山に籠って修行した境地と、今社会生活をして家族をもっている境地とは、まるっきり違いますよ。昔の伝教《でんぎょう》だの道元《どうげん》だの、弘法《こうぼう》だの法然《ほうねん》だのの境地と、皆さんの家族をもった社会生活をした境地とが一緒になるということはありません。向こうは初めから捨ててかかっている、皆さんは捨てられない。生きねばならぬ。やらねばならぬ仕事があるわけですよ。勝手に死ねないんだから、随分これはハンディキャップがあるわけです。

そのハンディキャップを持ちながら、道元や法然や弘法の境地と一緒になるにはどうしたらいいか、と言ったら、やっぱり祈るんですよ。世界平和の祈りを年中絶え間なく、一瞬一瞬やらなければだめです。そしていつも出てくる想い、子どものために自分のために家族のために、何んとかのためにという想いを、みんなハンディキャップも全部含めて、世界人類が平和でありますようにと祈りの中に入れていれば、救世の大光明によってそれが消されて、今度は逆に大光明が入ってくるんです。そうすると、法然、親鸞《しんらん》、道元などの偉い坊さんたちと全く同じ境地になるんです。同じ立場になるわけです。だから世界平和の祈りをすることが、あらゆる宗祖・聖祖と同じ位に自分を持っていくわけですよ。それが世界平和の祈りの功徳です。

人間を変える世界平和の祈り

何故、世界人類が平和でありますように、という言葉がいいかというと、想いが世界人類という大きい世界に入っていくと同時に、一番大事なことは、知らないうちに、法則の軌道にのっていることなんです。神様のエネルギーから生命力から想いというものは出ているわけです。自然に想いが出るわけです。だから想っちゃいけないと言ったって、言われたって思っちゃうのですよ。

これは私のおはこなんだけれども、短気じゃいけないな、子どもを叱っちゃいけないな、子どものすることをあまり心配しちゃいけないな、お金のことを心配するんじゃないな、地位のこと心配しちゃいけないな、とこう思う。否定するけども、想いが潜在意識に溜まっているから、否定しても否定してもダーッと出てくる。止めようがないんです。止めて止まるけれど、後で反発して出て来ます。子どもが病気しても心配するな、と私もよくいいますよ。心配しないで祈りなさい、といいます。しかし、心配するなったって、心配するんですよ。

だからいけない、だめだ、だけじゃだめなんですよ。いけないじゃなくて、それよりもっと力のあるもの、恐怖心より強い力のものをここに出さなきゃいけない。それは何か。神様なんです。神様のみ心なんです。神様の光なんです。神様の光の中に入る以外に、その恐怖心を退治することは出来ないんです。そこで、私は「驚いちゃいけませんよ」とか「短気じゃいけませんよ」「お金儲けのことを考えちゃいけませんよ」なんて言わない。

考えたら考えたでいいから、そのまま「世界人類が平和でありますように」と祈りの中へ入りなさい、そうすれば消えます。一遍には消えないかもしれませんよ。潜在意識というのは、溜まっているけれども出せばなくなるんです。ただ出した時にどこへ出すかというと、神様のみ心の中へ出しちゃえばいい。〝世界人類が平和でありますように、お願いいたします〟と出せば、自分の中にある恐怖心や疑惑心が、世界人類の恐怖と一緒に、世界平和の祈りの中に入っちゃうわけです。それで消えるわけです。戻って来ないんだから、それを何遍も何遍も繰り返していれば、潜在意識の恐怖や嫌なものがなくなって、世界平和の大光明だけが入ってくるんですよ。循環するのが法則なんだからね。

どんな汚い水があっても、どんどんきれいな水を入れていれば、汚い水ときれいな水と一緒に溢れて、知らないうちにきれいな水になります。それと同じこと。だからどんどん新しい光の水を入れなきゃならない。光の水はどこからくるかというと、世界平和の祈りの神様の救世の大光明の中からくるわけですよ。だから救世の大光明の中に、どんどん自分のいやな想いも、善い想いもみんな入れていけば、知らないうちに潜在意識がきれいに光で洗われていく。こんなやさしい方法はないですよ。

そうすると、今まで癇癪《かんしゃく》持ちだったのが見違えるように穏やかになる。今まで臆病《おくびょう》だった人が見違えるように勇気が出てくる、というようにまるで人柄が変わってくるんですよ。

何故変わってくるかというと、古い潜在意識はみんななくなる。私流にいえば古い宇宙子《うちゅうし》がどんどんなくなって、新しい宇宙子が一杯入って来て、新陳代謝が激しくなって、常に新しい宇宙子が満ちている、ということになるんです。だから山に籠って行をしなくたって、いつも祈りをしていれば、いつの間にか自分は変わってくる。世界の様相も変わっていく、ということになるんです。

（昭和38年5月）

生き甲斐のある人生

今こそしっかり時代を見据えよ

昨日からテレビで勝海舟をやっていますが、明治維新というのは大変でしたね。日本は長い間鎖国で政治も経済もやって来たのが、外国の影響がどっと入って来て、日本がてんやわんやになりました。先駆者は牢屋に入れられたり、首をきられたり、大変な受難を被っています。

ところが本当は、現在のほうがもっともっと大変なのです。日本は第二次世界大戦に負けて、他国に占領され、やっと回復した。今度は何が起こるか？　地球は宇宙の中の一つの星である、ということがハッキリ明るみに出る時代なのです。

今までは地球の中の日本なんです。地球の中のアメリカ、地球の中のソ連なんです。こんどは宇宙の無数の星の中の一つの星の地球という立場になる時代がやがて来るわけです。それをみんな知らない。宇宙人がいることも盛んに研究する人が多くなりましたけれども、まだハッキリしない。ところがハッキリしようとしまいと、実は、宇宙の中の地球であることに間違いはない。宇宙の中の地球という立場を除いては地球はやっていけない時代になって来ます。

二十五年たてば石油がなくなってしまうというんでしょう。そのままでは地球人は生きていけない、という立場になる。それは石油ばかりではありません。あらゆる資源が涸渇《こかつ》して、だんだんなくなってゆくわけです。今までの調子では何十年で地球が亡びるということになってしまいます。そうしますと、今までの地球だけの地球という考えでは、戦争がなくても、天変地変が来なくてもだめになってしまう。どういうふうに向かっても、地球はおしまいということになるのです。それを少しも考えないで、のうのうと暮らしているわけです。

自分の家が安全ならいい、国が安全ならいい、儲かりゃいい、家内安全、商売繁盛とただそれだけでやって来た。家内安全、商売繁盛もその一瞬一瞬だけであって、何十年という先には滅びの時が来ているわけですから、どうにもならない。ただし、このままでゆけばの話です。ところが神様は愛ですから、必ず人類を救うように出来ているわけなんです。救いの手を差しのべているわけです。その救いの手は宇宙の彼方から、宇宙の神として宇宙天使としてやって来ている。われわれは世界平和の祈りとしてここに新しい宗教を樹《た》てている。天と地をつないで今ここに光の柱がたっているわけです。それで皆さんはその光の柱の中に入っている。光の階段を上っていらっしゃるわけです。

まず先に光の階段を先に上っていらっしゃった。世界人類が平和でありますように……消えてゆく姿で世界平和の祈りというんで、光の梯子《はしご》、光のエレベーターにみなさんは先に乗っていらっしゃる。皆さんのように、あちらもこちらも平和の祈りをしていたとするならば、この地球は忽《たちま》ち変貌《へんぼう》してくるでしょう。

枝葉の癖は消えるに決まっている

あいつやっつけちゃおう、俺が儲かればいい、あんな奴はどうにでもなれ、というような想いの人と、みんなが平和になりますように、みんな仲よくゆきますように、という人と、どっちがいいかといえば、みんなが仲良くみんなが手をとり合って生きてゆきますように、という愛の心の人のほうがいいに決まっているでしょう。皆さんは愛の心の人です。少しは悪い所もありますけれど、意地の悪い人も中にはあるかも知れないけれど、でもだんだんなくなって来ます。要するに過去世の癖があるだけで、その癖で嫉妬心もあるでしょう、臆病なところもあるでしょう。しかし癖が残っているだけで、本質としては、皆さんは世界人類が平和でありますように、という平和の心、愛の心になってしまっています。

本心が余計に現われているわけで、過去世の癖が少しある。それはだんだん消えてゆきます。消えてゆく姿というのは大した教えです。それでいつも平和の祈りに包まれているわけです。そういう人が一人でも多くなれば、一人多くなっただけ平和になるわけでしょう。みんなわれわれの仲間なんだ、ということでどんどん平和の祈りをすすめてゆけば、やがて平和にならざるを得ないわけなんです。

何故平和の祈りを皆さんがすれば平和になるかというと、この世の中は人類の想いの波で出来ているわけなのです。その想いの波は滅びに至るという波、もうだめだ、という想いの波で、それが心の底にみんなあるんです。みんな自分の心をだましながら生きているけれども、実は、アラブとイスラエルが戦争している。喧嘩している。それをみて、ああこの仲は直りっこない、どうやったって仕方がない、とどこか心の中にあるわけです。

アメリカとソ連、ソ連と中共、どうやっても人類が違うのだから、本当に平和になりっこないと思う。みんな人を信じませんからね。お互いが個人的にも信じないけれど、国と国とはもっと信じない。何かしやしないか？　あれは謀略じゃなかろうか？　とお互いの国が信じておりません。そういう波を綜合してみると、崩壊と滅びの門に至る。人間の潜在意識層に、幽界に、もう滅びるんだというものが満ち満ちているわけなんです。それを変えるための平和の祈りでしょう。

神の平和郷を地上に映し出す祈り

世界平和の祈りはどういうことかというと、肉体にいる自分の想いが、神様の大光明つまり神の国がここに現われる、天国が現われるという光の波とピタッと合っている祈りなのです。神様のみ心が出来上がっている平和郷、平和の世界をこの地上に映し出すのが世界平和の祈りなのです。だから、皆さんが世界平和の祈りをすれば、世界平和の出来上がった世界を、ここに映し出しているわけなのです。ですからここは平和そのものなんです。そういう人がたくさんになれば、平和の世界が早く来るわけでしょう。

「あいつやっつけちゃえ、倒しちゃえ、俺の国はいいんだ、あの国はダメだ」という想いだけだったら、必ず滅びます。滅びに至るほうが先か、神の国を造るほうが先か、どっちが先になるのか、それはひとえに皆さんの肩にかかっているわけです。皆さんの役目なわけですね。私はどんどん光を送ります。

明治維新で、坂本竜馬をはじめたくさんの志士が現われて、殺されたり脅かされたりしています。今はいかに先駆者となって働いても、殺されもしなければ、やっつけられもしないんですよ。今はいい時代です。先駆者というのは大がい危険にさらされたり、殺されたりして来たものです。今は牢屋に入れられ殺されることもない。こんなやり易い時代はないんです。だから皆さんは安心して、世界平和の祈りをほうぼう中にすすめられるわけです。

昔のクリスチャンは、隠れキリシタンといって、蔭にかくれてお祈りしたり集っていました。お役人に捕まって、踏み絵というのをやらされて、磔になったりしましたね。ところが今は、世界人類が平和でありますように、と祈りましょう、と公然といくらすすめたって、どこからも縛りに来なければ、殺しにも来ません。正々堂々と自分の教えをひろめることが出来る時代になっているわけです。

皆さんは同じ先駆者でも、先達でも非常に気の楽な、当たり前の生活を当たり前にしながら出来る、気楽菩薩さんなんです。昔は大犠牲者が菩薩なんです。人の苦しみをみんな背負って、命を投げ出して人を救った、それを菩薩といいました。今は気楽に日常茶飯事の中で、お孫さんの面倒みながらでも菩薩行が出来る本当に安楽な世の中になったわけです。それはやっぱり消えてゆく姿で世界平和の祈りという教えが現われたからなんですね。

この教えは肉体の五井昌久が説いたわけではないんです。ここにいる五井先生というのは、肉体にいるけれども、全然自分はありませんよね。世界平和が出来ることだけしか考えてない。世界人類のために自分はなんにもいらないからと、身を投げ出して、ものすごい業を引き受けて、毎日痰で苦しんでいるわけ。苦しみはしないけれど。いろんなものが押し寄せてくる。ふつうでいえば、何百遍死んでいるかわからないような立場に置かれながら生きてるわけでしょう。それでなんの不平も不満もない。それでいいと思っています。自分の肉体にまつわる業というものがないわけです。そうしますと、肉体としてもふつうの人よりは神様に近いわけでしょう。そういう人を神様は使うわけです。大神様の働き場所であり、大神様の器である。その器として使える体を持った人なわけです。

皆さんの中にも神様の器としての菩薩がたくさんいるんですよ。神様の光を受けて、みんなに放射する菩薩さまがいるんです。みんなそうです。ただ菩薩でなくなるのは、肉体のことばっかり想う人です。

明日のおかず何にしようか、なんてそんな可愛いことはかまいません。そうじゃなくて、生活のことをどうしよう？　お金の心配、地位の心配、肉体生活の心配ばっかりして、本質の魂の問題を忘れている人、そういうのは神様から遠いでしょう。少しでも心が浄まろう、立派な人間になろう、世界が平和になるように一生懸命祈ろう、という想いがあれば、それは神様の心です。そういう心をいつもいつも積み重ねてゆけば、やがては本当の神様と一体になる、天使になっちゃうわけです。皆さんはすでにそういうふうになっているわけです。

だからみなさんは一生懸命やっても力む必要はありませんから、今のままでいいけれども、世界平和の祈りを倦まず弛まずやってらっしゃって、一人でも二人でも三人でも、十人でも百人でも千人でも万人でも、多ければ多いほどいいけれども、世界平和の祈りの同志をつくっていかれれば、地球があまりみじめな目に遭わないで、痛い目に遭わないで、本当の天国が出来るわけなんですね。

秘訣は生きる死ぬるに怖れがないこと

目に見える働きというよりも、陰の働きのほうがうんと大きいんです。どれだけ大きいかわかりません。皆さんに説明したってわからないんだけれども、私が一日こうやっていますと、どれだけ業が押し寄せてくるかわからないんですよ。

わんさわんさ来るわ来るわ。そしてこの体を通過して浄まってゆく。だから私は洗濯機よ。皆さんも小さい洗濯機になって、みんなで洗濯すりゃ早いんです。だから皆さん少しずつ洗濯してください。だから体がちょっとどこか痛くたって、ああこれは消えてゆく姿だ。頭に熱があって、ああこれも消えてゆく姿、とやっていれば、死ぬ時は死ぬんだからね（笑）。死なない時は死なないから治りますよ。

私なんかでも、ふつうで見たらば、非常にひどい時がありますから、死ぬかと思うでしょう。息がつまっちゃってね、ところが当人は平気。怖れもなければ不安もないから平っちゃら。息もたえだえでも冗談をいっていますから。知らない人がみたらびっくりしちゃう。だけど私にとっては別になんでもないんです。それは怖れがないから。この病気みたいな形に対して、怖れることが一つもないでしょう。生きる死ぬるに怖さが全然ないんです。だからなんでもないんですよ。

怖れがないということはいいことですよ。皆が厭な想いをするのは怖れがあるからです。不安、恐怖、それがあるから世の中生きにくいんでしょう。不安と恐怖がなくなってごらんなさい、生きいいですから。ああみんな神様がやっていてくださる、生きるも死ぬもみんな神様任せ、逝く時はひょっと逝かしてくださる。この世にいる間はいるんだ――そういう気で日常茶飯事、一生懸命、自分に課せられたる使命を達成していればいいんですから。自分に与えられた仕事を一生懸命やっていて、あと全部、神様に任せておいてごらんなさい。こんな気楽なことはありませんよ。今日からやってごらんなさい。「ああ生きるも死ぬも神様任せ、みんな神様がやってくれるんだ、呑気なもんだ」それで怠けて寝ていたんじゃだめですよ。与えられたものを一生懸命やるわけです。それが天命を信じて人事を尽くすということですね。そうやっていれば本当に呑気です。私などそれで生きているわけです。だから生きているのです。

人間というものは、肉体に生きているんだけれども、実は想いがいつも神様の中にいるわけなんですよ。いつも神様の完全平和の天国の中に自分は住んでいて、世界平和の祈りの光をドンドン肉体のほうへおろしてくる。肉体から宇宙にパーッと放射して、一日も早く地球が宇宙の中の一つの星であることを実証しなければなりません。今まだ独立してないようなものですからね、宇宙神と宇宙天使の助けを借りてやっているわけなんでしょう。皆さんは知らないんだけれども、宇宙神が助けてくれて、地球を滅びないようにしてくれているのです。それを私共はよく知っています。

そのお礼のために、一生懸命、世界平和の祈りをして、神様有難うございます、といって、神様にお礼をしなければいけません。

皆さんは守護神守護霊さんに感謝しながら、平和の祈りの日常生活を毎日続けていてくだされば、地球は亡びないし、皆さんが生まれて来た甲斐がある、ということになるのです。

（昭和49年1月）

光の足跡を残してゆこう

肉体の死はこわくない

人間はどんないい人でも、いい心を持っていても、焦ったり、あわてたりしてはだめです。焦ること、あわてるということは、怒るということと同じで業想念なのです。だから焦らないこと。

自分の天命というものが、否でも応でも祈っていれば完うされます。焦ったって焦らなくたって必ず完うされるに決まっている。だから焦ったら損です。

物質、この肉体もそうですけれど、科学的には波が現われて、分子になり原子になったりするわけです。

夜、空をみると星がみな光っていて、星と星との間がありますでしょう。肉体というものも天体と同じ、空を見ているのと同じで、肉体を構成している原子と原子との間は、星と星との間のようにはなれている。その原子が集まって分子となり、分子が集まって陰陽に活動して、生きているわけです。その分子を分けると、原子であり、原子は電子と原子核という粒子になって、それは波になって消えちゃうんです。調べていると消えてしまう。元は波だということね。

その波動がどこから出てくるか、今の科学ではわからない。その波動の元を神様の力というわけです。その波動が精神的な波動となって働くのと、肉体的に働くのがあって、いろんな波、光の波が来て、肉体が出来ているわけです。

死んで、骨になって粉になってしまいますと、無くなったと思うでしょう。それはただ波動に還ったにすぎない。その中の精神波動というものは残っている。それを魂というわけ。それは肉体よりもっともっと微妙な細かい波の世界で生きてゆく。

形あると思えばやっぱり形はあるんですよ。自分の思う通りの形になる。肉体の世界ではなく、心の世界だから、自分の思う通りのものが、自分の心にふさわしいものが着られ、ふさわしい家が出来、ふさわしい状態が現われるわけなのね。そういう世界があるんです。もっと高いところへゆくと、そんなもの問題ではなくて、光だけでもって、自由に活動できる世界もあるわけです。それには段階があるんです。

肉体というものは、一番波の粗雑な、一番裔なのです。人間は、微妙な波動のところにいっては、また粗い波動、肉体のところに戻って来て、いろんな修行をし、また戻って修行を終えてしまうと、今度は、この肉体は何も欲しくないんです。欲しくないけれども、因縁というものを果たすために、肉体に生まれて来て、いろんな苦労をして、業を消してゆくわけです。業を消してしまうと、今度は魂が違う体になって、ズーッと高いところ、なんの礙《さわ》りのないところにいけるわけです。

それがいわゆる天国浄土というわけです。肉体が死ぬことなんて、なんにもこわくはない。ところがこわいような感じがする。何故そういう感じがするかというと、こわくなければ、向こうのほうがよかったら「ハイ、さようなら」ってみな自殺して死んじゃうでしょう。それでは困るんで、肉体を大事にしなければいけないので、何か死ぬことが怖いような感じを持たせておく。

だんだん悟ってくると、死ぬことも生きることも、そんなことどうでもいい、このまま、今置かれた立場で、一生懸命やっていればいい、ということになってくるんですよ。そこまで来ると、やっぱり悟りなんです。

心の波を調和させることが一番

この世の生活、いわゆる自分の置かれた環境に文句をいわないで、一生懸命やれる、ということは、やっぱり立派なことなんですよ。どんなに嫌な環境であっても、それは業として現われているんだから、消えてゆく姿とみて、一生懸命生きて、満足していると、自然と道が開いていって、いい環境に移ってゆくわけです。

病気なら病気でもそうです。病気、病気とつかまっていれば、いつまでたっても病気は治らない。ああこれも消えてゆく姿なんだナ、といって、薬をのんだってかまわないし、注射を打ったってかまわないけど、その根本が祈りの生活になっていれば、そのまま消えていっちゃう。そういうものなのですね。

波の変化だけなんです。だからいつも波を調和させておく、いつも調和させた波にしておけば、その人の生活は安穏《あんのん》だ。その人の生活が安穏ならば、世界人類も従って安穏になるわけなんですねェ。

一人が乱れていたら世界人類が乱れているんですよ。自分が乱れていることは、世界人類が乱れていることなんです。だから、自分の心を調和させるように、そのために世界平和の祈りをするんですよ。そうすると自分が調和してくるということになるわけです。波を調整すればいい。心の波を調整することが第一。そのための統一であり祈りなのです。

人間、どういう立場に立とうと、その人の心が一寸も動じなければ、不動の心であれば、神のみ心の中に入りきっていれば、どういう生き方をしようとどういう死に方をしようと、形の問題ではないのです。

形の問題だけを捉えて、早死にしたからいけないとか、病気で死んだからいけないとか、いうけれど、私たちの眼からすれば、形の問題ではなくて心の問題なんです。心が泰然自若《たいぜんじじゃく》としていれば、どんな生き方をしようと、どんな死に方をしようと、貧乏をしようと、それは問題ではない。そういうようなものが神のみ心なんです。

やがてこの世の中が完全になった時には、心のいい者が完全な生活を得るということになります。ただ今のところは、過去世の因縁が渦まいて、今生の運命が出来ているんだから、過去世の因縁をはなすことが大きな役目になりますね。過去世の因縁を消しながら、しかもこの世の中に光の足跡を残してゆく、そしていい仕事をしてゆく。いい生き方を示してゆく、ということが大事だと思います。

誰でも消し方をうまく行じていけばいいわけです。消すために人に迷惑をかけたら、また業が増えますからね。自分の業を消しながら、しかも人のために尽くしてゆく、という生き方が出来るのが一番いい生き方なのです。

参考資料

人間と真実の生き方

人間は本来、神の分霊《わけみたま》であって、業生《ごうしょう》ではなく、つねに守護霊《しゅごれい》、守護神《しゅごじん》によって守られているものである。

この世のなかのすべての苦悩は、人間の過去世《かこせ》から現在にいたる誤てる想念が、その運命と現われて消えてゆく時に起る姿である。

いかなる苦悩といえど現われれば必ず消えるものであるから、消え去るのであるという強い信念と、今からよくなるのであるという善念を起し、どんな困難のなかにあっても、自分を赦《ゆる》し人を赦し、自分を愛し人を愛す、愛と真《まこと》と赦しの言行をなしつづけてゆくとともに、守護霊、守護神への感謝の心をつねに想い、世界平和の祈りを祈りつづけてゆけば、個人も人類も真の救いを体得出来るものである。

世界平和の祈り

世界人類が平和でありますように
日本が平和でありますように
私達の天命が完《まっと》うされますように
守護霊様ありがとうございます
守護神様ありがとうございます

第１図

第２図

宇宙神（大神さま）は、まず天地に分かれ、その一部の光は、海霊《うみだま》、山霊《やまだま》、木霊《こだま》と呼ばれ、自然界を創造し、活動せしめ、その一部は、動物界を創造、後の一部の光は、直《ちょく》霊《れい》と呼ばれて、人間界を創造した（第1図）。直霊は、各種の光の波を出し、霊界を創り、各分霊《ぶんれい》となり、各分霊が幽界、肉体界を創造した。その過程において、各分霊は、自ら発した念波の業因《ごういん》の中に、しだいに自己の本性を見失っていった。そこで、直霊は自己の光を分けて、分霊たちの守護神となし、守護神は、最初に肉体界の創造にあたった分霊たちを、業因縁《ごういんねん》の波から救い上げた。この分霊たちは、守護霊となり、守護神に従って、ひきつづき肉体界に働く後輩の分霊たちの守護にあたることになった。そして分霊の経験の古いものから、順次、守護霊となり、ついには各人に必ず一人以上の守護霊がつくまでになって、今日に及んでいる（第2図）。

著者紹介：**五井昌久**（ごいまさひさ）
大正５年東京に生まれる。昭和24年神我一体を経験し、覚者となる。白光真宏会を主宰、祈りによる世界平和運動を提唱して、国内国外に共鳴者多数。昭和55年８月帰神（逝去）する。著書に『神と人間』『天と地をつなぐ者』『小説阿難』『老子講義』『聖書講義』等多数。

発行所案内：**白光**（びゃっこう）とは純潔無礙なる澄み清まった光、人間の高い境地から発する光をいう。白光真宏会出版本部は、この白光を自己のものとして働く菩薩心そのものの人間を育てるための出版物を世に送ることをその使命としている。この使命達成の一助として月刊誌『白光』を発行している。

白光真宏会出版本部ホームページ　https://www.byakkopress.ne.jp/
白光真宏会ホームページ　https://www.byakko.or.jp/

我を極める―新しい人生観の発見

平成十九年六月二十五日　初版
令和二年一月十五日　２版

著者　五井昌久
発行者　吉川譲
発行所　白光真宏会出版本部
〒418-0102　静岡県富士宮市人穴八一二―一
電話　〇五四四（二九）五一〇九
ＦＡＸ　〇五四四（二九）五一一二
振替　〇〇一二〇・六・一五一三四八

印刷・製本　大日本印刷株式会社

ISBN978-4-89214-175-1 C0014